Eugène Délacroix

Fragmente einer Selbstbiographie und Charles Baudelaire über Délacroix

unikum

Eugène Délacroix

Fragmente einer Selbstbiographie und Charles Baudelaire über Délacroix

---

ISBN/EAN: 9783845742779

Erscheinungsjahr: 2012

Erscheinungsort: Bremen, Deutschland

www.unikum-verlag.de | office@unikum-verlag.de

Bei diesem Titel handelt es sich um den Nachdruck eines historischen, lange vergriffenen Buches. Da elektronische Druckvorlagen für diese Titel nicht existieren, musste auf alte Vorlagen zurückgegriffen werden. Hieraus zwangsläufig resultierende Qualitätsverluste bitten wir zu entschuldigen.

Eugène Délacroix

Fragmente einer Selbstbiographie und Charles Baudelaire über Délacroix

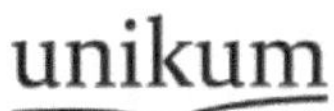

Eugène Delacroix. 1842. Daguerreotypie.

EUGÈNE DÉLACROIX

FRAGMENTE EINER SELBSTBIOGRAPHIE

CHARLES BAUDELAIRE ÜBER DELACROIX

MIT ZWEI BILDNISSEN

BENNO SCHWABE & CO., VERLAG
BASEL 1919

AUS DEM FRANZÖSISCHEN ÜBERTRAGEN
VON HANS GRABER

INHALT

VORWORT

Neben den Tagebüchern, den Briefen und den Aufsätzen über Kunst sind uns als weiteres Selbstzeugnis von Eugène Delacroix Fragmente einer Selbstbiographie erhalten. Sie finden sich in einem zwei Jahre nach des Künstlers Tod anonym und als Privatdruck nur in einer sehr kleinen Auflage erschienenen Buche: Eugène Delacroix. Sa Vie et ses Oeuvres. Paris. Imprimerie de Jules Claye. 1865. Das Werk stammt von einem Jugendfreund des Künstlers, von Piron, der aber sein Erscheinen nicht mehr erlebte. Es enthält neben den gesammelten Abhandlungen und Aufsätzen und neben einer größeren Anzahl Briefe eine eingehende, wertvolle Biographie von Delacroix. In diese letztere sind eingestreut die hier zum ersten Male zusammengestellten und übertragenen (und von einem kurzen verbindenden Text begleiteten) autobiographischen Fragmente, denen sich zwei Erörterungen ästhetischer Natur anschließen. Piron fand die Aufzeichnungen in einem eigenhändig geschriebenen Notizenheft des Künstlers. Ob er sie in ihrer Gesamtheit oder nur teilweise wiedergibt, läßt sich heute nicht mehr feststellen. Sicher ist, daß sie aus den letzten Lebensjahren des Malers stammen.

Neben den Selbstzeugnissen ist das was Charles Baudelaire über Eugène Delacroix geschrieben das Wertvollste, was von einem Zeitgenossen über den Künstler geäußert worden ist.

Delacroix war für Baudelaire der größte zeitgenössische Künstler, ja in vieler Hinsicht der größte Künstler überhaupt. Sein erster Kunstbericht (über den Salon von 1845), den er mit vierundzwanzig Jahren verfaßte, beginnt mit einem begeisterten Lob des Meisters. Über ihn hat er am häufigsten und am eingehendsten geschrieben, am schönsten und reifsten in dem Nachruf, den er dem Verstorbenen widmete. Nicht zufällig: Delacroix und Baudelaire waren verwandte, waren beide große, leidenschaftliche Naturen. Daß der Maler vom Kunsturteil des Dichters viel hielt, davon zeugen seine Briefe an ihn[1]).

Die Stellung Baudelaires in der Geschichte der Kunstkritik zu charakterisieren ist hier nicht der Ort. Es sei nur angedeutet, daß seine Hauptbedeutung darin liegt, daß er viel intensiver als seine Vorgänger auf die rein künstlerischen Probleme einging. Dabei ließ er sich von keiner Voreingenommenheit für eine bestimmte Richtung leiten. L'esprit du vrai critique doit être ouvert à toutes les beautés, sagte er. Er hatte einen sichern Blick für das Wertvolle, das Bleibende. Daher denn seine Essais über Kunst noch heute nicht veraltet sind und noch heute zum Wertvollsten gehören, was über Kunst im allgemeinen und über französische Malerei des neunzehnten Jahrhunderts im besondern geschrieben worden ist.

Die Aufsätze Baudelaires über Delacroix, die sich in den beiden Bänden »Curiosités esthétiques« und »L'Art romantique« finden, sind hier zum ersten Mal vollständig ins Deutsche übertragen. Ich bin mir der großen Schwierigkeiten einer Baudelaireübersetzung wohl bewußt, wohl bewußt auch dessen, daß meine Verdeutschung weit davon entfernt ist, eine ideale zu sein. Ich wollte lediglich eine möglichst lesbare und möglichst zuverlässige Übertragung — und zwar keine freie — geben.

Leider war es, der Zeitverhältnisse wegen, nicht möglich, Reproduktionen der von Baudelaire genannten und analysierten Bilder Delacroix' beizugeben. Ich mußte mich für diesmal begnügen, jeweils auf das große Werk von E. Moreau-Nélaton über den Künstler hinzuweisen.

Die Anmerkungen wurden auf das Notwendigste beschränkt.

H. G.

---

[1]) Vergl. *Eugène Delacroix. Briefe.* Deutsch von W. Stein. (Benno Schwabe & Co. Verlag. Basel 1918.) Zweiter Band: pag. 102, 171, 210. Auch im »Journal« ist von Baudelaire die Rede, besonders Band I pag. 342.

FRAGMENTE
EINER SELBSTBIOGRAPHIE

Mein Vater[1]) war um die Zeit des Friedens von Amiens und vor seiner Übersiedlung nach Bordeaux Präfekt in Marseille gewesen, wo sein Name, des Guten wegen, das er dort getan, noch heute in Ehren gehalten wird. Dort trafen mich — ich glaube in weniger als einem Jahr — eine Reihe von merkwürdigen Prüfungen, von denen die geringste genügt hätte, selbst ein weniger zartes Wesen als mich aus dieser Welt, deren Licht ich eben erblickt hatte,[2]) hinwegzuraffen. Nacheinander erlitt ich schwere Brandwunden in meinem Bett, lief ich die größte Gefahr im Hafen von Marseille zu ertrinken, hatte ich eine Grünspanvergiftung, hing ich mit dem Hals an einem richtigen Strick und erstickte ich beinahe an einer Weintraube, d. h. am Kamm der Traube, ein Unfall, bei dem mich die Geistesgegenwart meiner Mutter wie durch ein Wunder rettete. Ich erzähle Ihnen[3]) das, Ihnen, weil dadurch zweifellos bewiesen wird, daß die Vorsehung über mir wachte, und daß es mir beschieden sein sollte — mit sechzig Jahren wenigstens — Mitglied[4]) der vierten Klasse des Instituts zu werden.

Sehr frühzeitig hatte ich eine sehr starke Neigung zum Zeichnen und zur Musik. Ein alter Musiker, der Organist an der Kathedrale von Bordeaux war, wo mein Vater ebenfalls Präfekt gewesen ist, gab meiner Schwester Unterricht. Während ich mich im Salon, in welchem dieser Unterricht erteilt wurde, herumtrieb, bemerkte dieser brave Mann, der übrigens große Verdienste besaß und, nebenbei gesagt, mit Mozart befreundet gewesen war, daß ich die Melodie auf meine Art mit der zweiten

---

[1]) Charles Delacroix (1741—1805) war von 1800—1803 Präfekt in Marseille, nachher bis zu seinem Tode Präfekt in Bordeaux.

[2]) Eugène Delacroix wurde am 26. April 1798 in Charenton-Saint-Maurice bei Paris geboren. Seine Mutter, Victoire Oeben (1758—1814), stammte aus einer angesehenen Künstlerfamilie.

[3]) Nach E. Moreau-Nélaton (Delaçroix raconté par lui-même. Paris H. Laurens 1916) ist damit Alexandre Dumas oder der Doktor Véron gemeint. Für einen von beiden machte Delacroix diese Aufzeichnungen.

[4]) Delacroix wurde 1857 in die Akademie aufgenommen. Es ergibt sich daraus (und aus anderem), daß diese Aufzeichnungen aus seiner letzten Lebenszeit stammen.

Stimme und mit Verzierungen begleitete, deren Richtigkeit er bewunderte, und die eine wirkliche musikalische Begabung ankündigten. Er plagte sogar meine Mutter, um sie zu bewegen, aus mir einen Musiker zu machen.

Doch der kleine Eugène war noch viel zu jung, als daß man schon für ihn einen Beruf hätte bestimmen können. — Nach dem Tode des Gatten kehrte Madame Delacroix mit ihm nach Paris zurück. 1807 tritt Eugène ins dortige kaiserliche Lyceum ein. Er war (eine Ausnahme von der für Künstler geltenden Regel) ein aufmerksamer und guter Schüler. Hören wir ihn selber:

Ich habe meine Studien mit Ehren absolviert. Ich war einer von jenen guten Schülern, die alles begreifen was zu begreifen nötig ist, und die aus ihren Studien den wahren Gewinn ziehen, ohne zu jenen vorbildlichen Schülern zu gehören, die bei jeder Preisverteilung den Streit um die Lorbeern schwieriger machen.

Ich kenne die Alten, d. h. ich habe gelernt, sie über Alles zu stellen. Es ist das das beste Resultat einer guten Erziehung. Ich beglückwünsche mich dazu umso mehr, als die Modernen, da sie von ihrer eigenen Person sehr eingenommen sind, jene erhabenen Vorbilder aller Intelligenz und aller Tugend vernachlässigen. Es ist eine Schande für unsere Zeit, daß Stadt und Regierung Institute unterhalten und fördern, in denen als Prinzip gilt, daß man das Studium der alten Sprachen entbehren könne.

1814 verlor Delacroix seine Mutter. Nach Beendigung der Schule trat er in das Atelier des Historienmalers Pierre Guérin (1774—1833) ein:

Gegen Ende des Jahres 1815 trat ich bei Guérin ein, um mich dem Studium der Malerei zu widmen. Ich weiß nicht, ob er gemerkt hat, daß ich einiges Talent versprach, auf alle Fälle hat er mich nie ermutigt. Als ich im Jahre 1822 das erste Gemälde schuf, das ich auszustellen wagte und das Dante und Virgil darstellte, veranlaßte ich ihn aus Ehrerbietung, zu mir zu kommen, um es ihm zu unterbreiten. Er fand fast nur tadelnde Worte, und wenn ich auch niemals seine Zustimmung zu meinem Wunsch es auszustellen erlangen konnte, so muß ich gerechterweise doch sagen, daß er, als er mich einige Zeit nach der Eröffnung der Ausstellung in der Akademie, die ich immer noch studienhalber, als Schüler, auf den hintersten Bänken, besuchte, antraf, die Gewogenheit hatte mir zu sagen, daß die Herren, d. h. die Professoren, auf mein Gemälde aufmerksam geworden seien.

Der Haupterfolg meiner Laufbahn datiert von dieser weit zurückliegenden Epoche. Ich meine nicht den Erfolg, den ich trotz oder vielleicht gerade wegen meiner völligen Unbekanntheit in der Öffentlichkeit davontrug, sondern die schmeichelhafte Art und Weise, mit der sich Gros[1]) über mein Gemälde mir gegenüber äußerte. Ich vergötterte das Talent von Gros, das für mich noch heute, zu der Stunde, da ich Ihnen schreibe und nach all dem Vielen, das ich gesehen habe, zu den bemerkenswertesten in der Geschichte der Malerei gehört. Der Zufall brachte mich mit Gros zusammen, der mir, als er erfuhr, daß ich der Autor des fraglichen Gemäldes sei, mit unglaublicher Wärme derartige Komplimente machte, daß ich für mein ganzes Leben für jede Schmeichelei unempfindlich geworden bin. Zum Schluß sagte er mir, nachdem er alle Vorzüge meines Bildes hervorgehoben hatte, daß ich Rubens damit in den Schatten stelle. Für ihn, der Rubens anbetete und der in der strengen Schule von David aufgewachsen war, war dies das denkbar höchste Lob. Er fragte mich, ob er etwas für mich tun könne. Unverzüglich bat ich ihn, mir seine berühmten Gemälde vom Kaiserreich zu zeigen, die sich damals im Dunkel seines Ateliers befanden, da sie der Zeitumstände und der Motive wegen nicht öffentlich ausgestellt werden konnten. Er ließ mich vier Stunden lang dort, allein oder mit ihm zusammen, mitten unter seinen Skizzen und Studien. Mit einem Wort, er gab mir Beweise des größten Vertrauens. Dabei war Gros eine sehr erregbare und sehr mißtrauische Natur. Wenn man einem so uneingeschränkten Beifall ein Körnchen persönlichen Interesses auf Seiten des großen Malers zuschreiben darf, so glaubte ich in der Folge aus einer gewissen Verstimmung, die das Verhalten von Gros mir gegenüber annahm, folgern zu dürfen, daß er

[1]) Der Historien- und Porträtmaler Baron Antoine Jean Gros (1771—1835).

daran gedacht hatte, mich zu sich zu nehmen, um mir den Rompreis in seiner Schule zu verschaffen. Ich hatte aber schon damals, trotz meiner Bescheidenheit, meinen Weg nach einer andern Richtung gesteckt und lehnte diese Protektion ab. Indessen gebot er seinen Schülern, wenn sie in der Folge, offenbar um ihm zu schmeicheln, in seiner Gegenwart meine Bilder kritisierten, Schweigen, wobei er zwar nicht Partei für mein Talent ergriff, jedoch sagte, ich sei ein vollkommen ehrenhafter junger Mann und ein guter Schüler.

Delacroix arbeitete also im Atelier Guérins. Materiell ging es ihm damals nicht glänzend. Mit Karikaturen für eine humoristische Zeitschrift, ja selbst mit Maschinenzeichnungen für Erfinderpatente, suchte er seinem schmalen Geldbeutel aufzuhelfen. Um diese Zeit, 1819, erhielt er seinen ersten, sehr willkommenen, wenn auch materiell sehr bescheidenen Auftrag. Er malte, im Stile Raffaels, eine Madonna für die Kirche des kleinen Dorfes Orcemont in der Umgebung von Paris:

In meinen Erwartungen getäuscht war ich versucht zu verzweifeln, als, wie vom Himmel gefallen, ein Mäcen erschien, mir für die Kirche seines nahe bei Paris gelegenen Dorfes eine Madonna mit dem Jesuskind — den heiligen Johannes den Täufer[1]) nicht mitgezählt — in Auftrag gab und mir für das Ganze fünfzehn Franken bot. Sie können sich denken, daß sie nicht zurückgewiesen wurden!

Im selben Atelier wie Delacroix arbeitete der sieben Jahre ältere Géricault. Die beiden Künstler wurden miteinander bekannt. Delacroix stand Géricault Modell für eine Figur auf dem »Schiffbruch der Medusa«. Géricault hinwiederum trat seinem jüngeren Kollegen die Ausführung eines Staatsauftrages ab, was jenem materiell sehr zu statten kam.

Géricault betete Gros an. Ähnlich dem Prediger auf der Kanzel, der jedesmal, wenn er den Namen Jesu Christi aus-

---

[1]) Das Gedächtnis täuscht hier Delacroix: auf dem Bild, das noch heute an Ort und Stelle hängt, befindet sich kein Johannes der Täufer, sondern nur die Maria mit dem Jesusknaben. Ob sich der Künstler nicht auch im Preis geirrt hat oder irren wollte? Fünfzehn Franken für ein Bild im Umfang von 125 : 74 cm ist denn doch wohl kaum denkbar.

spricht, sein Käppchen abnimmt, sprach er nie anders als mit Begeisterung und Respekt von ihm. Er verdankte ihm viel hinsichtlich seines Talents, obwohl ihre beiderseitigen Talente verschieden waren. Besonders in der Wiedergabe der Pferde ist Gros sein Anreger gewesen. Géricault hat die physische Kraft bei den Pferden besser zum Ausdruck gebracht, aber er hat nie ein arabisches Pferd so vollkommen wiederzugeben vermocht wie Gros. Die Bewegung, die Seele, das Auge des Pferdes, seine Farbe, den Glanz der Reflexe, das alles hat dieser wiedergegeben wie sonst keiner. Die genaue Kenntnis die sich in den Pferden Géricaults dokumentiert schließt in keiner Weise die Verve aus, doch fehlt ihm das Ungestüm und die Leichtigkeit von Gros.

Es ist mir unbekannt, ob der letztere die Bewunderung, die Géricault für ihn hegte, wenigstens teilweise erwidert hat. Im Salon von 1812 war als Gegenstück zu seinem Reiterporträt von Murat der »Chasseur à cheval« von Géricault, dessen Debüt, ausgestellt. Dies letztere Werk schadete dem Erfolg des schon so berühmten Malers ein wenig, sei es nun wegen des Interesses, das einem Mann, der noch nicht bekannt ist, gewöhnlich allgemein entgegengebracht wird, oder wegen des geheimen Vergnügens, mit welchem der Neid ein werdendes Talent, das noch niemanden beunruhigt, einem anerkannten Talent gegenüberstellt, das Früchte in Fülle getragen und das die Neidischen durch die Beharrlichkeit, mit der es sich sehen läßt, in Verzweiflung bringt. Sie haben viele Talente der verschiedensten Art entstehen und vergehen sehen. Es gibt keines darunter, das nicht dieses doppelte Schicksal, dieses unvermeidliche Schicksal aller Künstler erlitten hat. Gegen die Verzweiflung, welche die letztgenannte dieser Prüfungen hervorruft, können sie sich nicht genug vorsehen und zwar dadurch, daß sie frühzeitig ihrer Begier nach Lobsprüchen Zügel anlegen. Der unglückliche Gros war zu unserer Zeit das erlauchteste Opfer und Beispiel dieser unseligen und allzu schwer ertragenen Erfahrungstatsache. Wir haben mitangesehen, wie der arme Nourrit[1]) in einem Alter, dem noch Energie eignet, den Erfolg seines Rivalen Duprez

[1]) Adolphe Nourrit (1802—39) und Louis Duprez (1806—96) waren bekannte Sänger der Pariser Großen Oper.

nicht zu überleben vermochte, desselben Duprez, bei dem es nicht den Anschein hat, als ob er sich umbringen wolle — obwohl das Publikum nun auch ihn aufgegeben hat — und zwar deshalb, weil er glaubt, das Publikum habe Unrecht, und weil er sich mit der Einbildung, er sei noch im vollen Besitz seiner Stimme und seines Talentes tröstet. Man darf nie zu viel Geist und vor allem nie zu viel Feinfühligkeit besitzen.

Die Geschichte unserer Zeit weist traurige Beispiele für das unglückliche Leben der Künstler auf. Da ist Gros, der alles erreicht hatte, was er wollte und der in einer Pfütze den Tod suchte.[1]) Da ist Léopold Robert,[2]) den man anbetete und der sich die Kehle durchschnitt. Diejenigen, die sich nicht selbst aufgeben, wie Gros und Robert, werden vom Publikum, das sie nun einmal einfach nicht lange auf der Bühne sehen will, aufgegeben. Vergessenwerden und Gleichgültigkeit beginnen für uns mit der Geburt. Prudhon, der nur schwer den Beifall eines Teiles des Publikums fand, das ihm zudem vielleicht nur dank einer gewissen Geziertheit, welche die schwache Seite seines Talentes ist, verzieh, Prudhon, der von den Künstlern seiner Zeit nie anerkannt worden ist, starb schließlich in ziemlich elenden Verhältnissen und nur von wenigen beklagt. Der berühmte Greuze, dieser Mann, dessen Beliebtheit ungeheuer gewesen — und zwar mit Recht — ist buchstäblich im Elend gestorben und im gemeinsamen Armengrab beigesetzt worden. Mitten unter uns sehen wir wie Vernet,[3]) der Glück und Berühmtheit dank seiner großen Erfolge mehr als dreißig Jahre lang an sich gekettet hat, seine schlechte Laune von Algerien nach Rußland schleppt und düster und verdrießlich dahinlebt, er, der der glückliche Mensch par excellence gewesen. Niemand denkt mehr an ihn. Seine besten Freunde sehen nur noch die Fehler

---

[1]) Baron Gros ertränkte sich in der Nacht vom 25. zum 26. Juni 1835 in einem kleinen Nebenarm der Seine, bei Meudon. Das Wasser war an jener Stelle kaum vier Fuß tief. — Delacroix hat übrigens Gros in der Revue des deux Mondes 1848 eine längere Abhandlung gewidmet.

[2]) Der Schweizer Léopold Robert lebte von 1794—1835.

[3]) Horace Vernet (1798—1863) Historien- und Militärmaler.

seiner Werke. Man bringt seinen bewundernswerten Fähigkeiten nicht die geringste Anerkennung entgegen.

Der Tod des bewundernswerten Géricault ist unter die größten Schicksalsschläge, welche der Kunst in unserer Zeit haben widerfahren können, zu rechnen. Er hat seine Jugend vergeudet. Er war in allem gewaltsam. Er liebte es, nur Hengste zu reiten und wählte dazu die feurigsten. Ich sah ihn mehrere Male im Momente, da er das Pferd bestieg. Er konnte das fast nur durch Überrumplung bewerkstelligen. Kaum im Sattel ging das Reittier mit ihm durch. Als ich eines Tages mit ihm und seinem Vater speiste verläßt er uns vor dem Nachtisch, um ins Bois de Boulogne zu reiten. Wie der Blitz geht er los, ohne die Zeit zu finden, sich umzudrehen, um sich von uns zu verabschieden und bevor ich dazukam, mich mit dem freundlichen alten Mann wieder zu Tische zu setzen. Nach Ablauf von zehn Minuten hörten wir einen starken Lärm. Er kam im Galopp zurück. Es fehlte ihm der eine Rockschoß. Sein Pferd hatte ihn irgendwohin gezerrt und hatte ihn um dieses notwendige Begleitstück gebracht. Ein Unfall dieser Art war die Endursache seines Todes. Schon seit mehreren Jahren hatten Unfälle, Folgen der Zügellosigkeit mit der er sich wie Allem so auch der Liebe hingab, seine Gesundheit fürchterlich erschüttert, ohne daß er deswegen auf das Reitvergnügen völlig verzichtete. Eines Tages, bei einem Ritt auf dem Montmartre, geht sein Pferd mit ihm durch und wirft ihn ab. Das Unglück wollte, daß er mit dem Körperteil zu Boden oder gegen einen Stein stürzte, an dem sich statt der fehlenden Hosenschnalle ein Bausch befand, den er angebracht hatte, um jene zu ersetzen. Dieser Unfall hatte die Verkrümmung eines Wirbelknochens zur Folge, eine Verkrümmung die während ziemlich langer Zeit nur Schmerzen hervorrief, die keine genügende Mahnung an die Gefahr waren. Biot und Dupuytren[1]) bemerkten das Übel erst als es schon fast unheilbar war. Er wurde nun dazu verurteilt, im Bette zu bleiben und weniger als ein Jahr später, am 24. Januar 1824[2]), starb er.

[1]) Bekannte Pariser Chirurgen.

[2]) Géricault starb am 26. Januar 1824. Man vergleiche dazu auch das »Journal« von Delacroix, besonders Band I, pag. 46/7 und 60/61.

Die Versteigerung, die nach seinem Tode stattfand, war keineswegs so einträglich wie die, welche wir vor kurzem nacheinander vor unseren Augen stattfinden sahen. Das finanzielle Gesamtresultat erreichte bei weitem nicht den Ertrag eines einzigen der Bilder, um die man sich an der Auktion der Sammlung der Herzogin von Orléans stritt. Es belief sich auf keine vierzigtausend Franken. Es bedurfte mehrjähriger Unterhandlungen, um die Regierung zu bestimmen, sechstausend Franken für die »Medusa« zu bezahlen, die zu diesem Preis an der Nachlaßauktion dem armen Dorcy[1]), den wir alle gekannt haben, und der sie in freundschaftlicher Aufopferung erworben hatte, zugeschlagen worden war. Man dankt es der Beharrlichkeit Forbins[2]), daß man dies schöne Werk, das niemand wollte, heute im Louvre sehen kann.

Géricault besass Vermögen, und zwar leider genug, um ihm allzuoft Gelegenheit zu Zerstreuungen, die der Entwicklung seiner Arbeit und besonders seiner Gesundheit geschadet haben, zu verschaffen. Er verlor den größten Teil davon zu einer Zeit, da er schon an sein Schmerzenslager gebannt war. Sein Freund Mussard, der Wechselmakler, dessen Bankrott einst berühmt gewesen, war die Ursache seines Unglücks. Er hatte ihn überredet, sein Geld zu hohen Zinsen anzulegen. Ich sah mit an, wie er in seiner letzten Zeit, fast durch die Not getrieben, glücklich war, wenn er zu sehr mäßigen Preisen wunderbare Skizzen und Bilder verkaufen konnte.

Obgleich er mir freundschaftlich begegnete, so war doch angesichts des Altersunterschiedes und meiner Bewunderung für ihn meine Stellung zu ihm die eines ehrfurchtsvollen Schülers. Er war bei dem gleichen Lehrer gewesen wie ich, und ich sah ihn zur Zeit als ich anfing — er war damals schon bekannt und berühmt — im Atelier bei der Arbeit an einigen Studien. Er erlaubte mir, seine »Medusa« zu besichtigen, während der

---

[1]) Pierre Joseph Dedreux-Dorcy (1789—1860). Genre-, Historien- und Landschaftsmaler. Schüler Guérins. Intimster Freund Géricaults.

[2]) Graf Forbin (1777—1841) war zu jener Zeit Generaldirektor der königlichen Museen. Ihm wird auch der Ankauf von Delacroix' »Dante und Virgil« verdankt.

Zeit da er sie in einem bizarren Atelier, das er nahe bei den »Ternes« innehatte, ausführte. Der Eindruck, den ich von ihr empfing war so stark, daß ich, als ich ihn verließ, den ganzen Heimweg bis zur Rue de la Planche, wo ich damals wohnte, laufend und wie ein Verrückter zurücklegte.

Einer der ersten, ja wohl überhaupt der erste, der für die Kunst Delacroix' nachhaltig und mit Überzeugung eintrat war der Journalist Adolphe Thiers, der spätere berühmte Staatsmann. Bei Anlaß des Salons von 1822 veröffentlichte er im »Constitutionnel« einen brillanten Artikel über die »Dantebarke« und ihren Schöpfer[1]).

Herr Thiers ist der einzige Mann, in hoher, einflußreicher Stellung, der mir in meiner Karriere behilflich war. Nach jenem ersten Artikel — ich hatte nicht daran gedacht, ihm dafür zu danken, so sehr war ich im Glauben, daß die Dinge auf dieser Welt von selbst gingen — verfaßte er einen zweiten nicht weniger pompösen bei Anlaß des folgenden Salons über das »Massaker von Skios«. Dieselbe Gleichgültigkeit meinerseits. Ja ich wußte nicht einmal, wem ich so viel Wohlwollen verdankte. Gérard[2]) lud mich nach Auteuil ein, wo ich endlich den unbekannten Freund sah, der über meinen geringen Eifer ihn aufzusuchen — nach all' dem was er für mich getan hatte — ganz und gar nicht erstaunt zu sein schien. War er später in der Lage mir auf andere Weise nützlich zu sein, so tat er es mit der gleichen Selbstverständlichkeit. Er war es, der mir als Minister des Innern[3]) den Auftrag für den Salon du Roi im Palais Bourbon gab. Er tat es trotz der christlichen Winke meiner Feinde, ja selbst meiner Freunde, die ihm, einer um der andere, sagten, daß man mir damit einen schlechten Dienst erweise, sintemalen ich von der Monumentalmalerei nichts verstünde und die Wände, die ich bemalen sollte, entehren würde.

Es war nach 1830 als mir die Freundschaft Thiers' den Salon du Roi eintrug[4]). Dieses Werk, das ziemlichen Erfolg hatte

---

[1]) Vergleiche Seite 40 ff.

[2]) Baron François Gérard (1770—1837) Historien- und Porträtmaler.

[3]) Thiers war damals Minister der Öffentlichen Arbeiten.

[4]) Die Decken- und Wandmalereien im Salon du Roi entstanden in den Jahren 1833—37.

und zwar selbst bei den Puristen, veranlaßte andere Minister, mir ähnliche Arbeiten in verschiedenen großen öffentlichen Gebäuden zu übertragen. Ich besaß nicht die Gunst des Königs[1]), der von meiner Malerei nichts verstand. Die zwei oder drei Gemälde, die er mir für Versailles in Auftrag gab, wurden mir nur bestellt, weil man im eigentlichen Sinne bei aller Welt solche bestellte. Ich war aber weit davon entfernt, zu den Hauptbegünstigten zu zählen. Einige Freunde, die ich von Zeit zu Zeit bei der Regierung besaß, haben mir die Gelegenheiten zu zeigen was ich zu leisten vermag verschafft.

Nach dem »Dante« malte Delacroix, inspiriert von den Freiheitskämpfen der Griechen, das »Massaker von Skios«. Das Bild war im Salon von 1824 ausgestellt.

Ich vermute, daß ich vom »Massaker von Skios« an für die »Schule« zu einem Gegenstand der Antipathie und zu einer Art Schreckensfigur wurde, und ich frage mich noch jetzt, auf welche Weise ich es vermocht habe, eine solche Strömung zu überwinden, will sagen wie ich habe leben und mich ohne die geringste Intrige und ohne die geringste Protektion aus der Sache ziehen können. Denn die Lobsprüche, die mir von einigen Zeitungen erteilt wurden, vergrößerten nur die Wut der achtbaren Professoren, die nicht verfehlten, als Antwort zu behaupten, ich verfasse die Artikel selbst, eine Ungeheuerlichkeit, für die es zwar Beispiele gibt, die aber meiner Natur so entgegengesetzt ist, daß ich mich niemals bei irgend einem Journalisten insinuiert habe, damit er sich günstig über mich äußere. Ich befand mich und befinde mich heute noch in einer eigenartigen Lage. Die Mehrzahl von denen die für mich Partei ergriffen haben taten im allgemeinen nichts anderes als für sich selbst Partei zu ergreifen und für ihre eigenen Ideen zu kämpfen – wenn sie überhaupt solche hatten – wobei sie aus mir eine Art Bannerträger machten. Sie haben mich, ob ich nun wollte oder nicht, in die Sippschaft der Romantiker eingereiht, was heißen will, daß ich für ihre Dummheiten verantwortlich war, was die Liste derjenigen, die ich möglicherweise begangen habe, in der öffentlichen Meinung sehr vermehrt hat. Mit einem sehr starken Herab-

[1]) Gemeint ist Louis-Philippe.

schrauben meiner Wünsche und dank einem außerordentlichen Selbstvertrauen bin ich all dem entronnen, einem Selbstvertrauen das der Talisman der Jugend ist und das durch das Alter allmählich gemindert wird. Ich verstehe aber unter diesem Selbstvertrauen nicht jenen blinden Dünkel, der sogar einige schätzenswerte Talente lächerlich macht. Ich habe nie eine übertrieben hohe Meinung von meinen Leistungen gehabt, ich habe ihre Fehler noch immer schärfer gesehen als selbst die strengsten Richter, aber ich war überzeugt, daß jene Leute das Gute, das in ihnen enthalten war, nicht sahen.

Im Salon von 1827, der bis weit ins Jahr 1828 hinein dauerte, stellte Delacroix neben andern Bildern den »Tod des Sardanapal« aus:

Der Salon der Gemälde fand damals noch nicht alljährlich statt wie heute. Für eine feurige Kampfnatur, wie ich es gewesen, war das ein großes Unglück. Im Alter der Kraft und der Kühnheit hätte ich einen ebenso kühnen Minister haben sollen, der meine Partei ergriffen, d. h. mir große Werke in Auftrag gegeben und mir Gelegenheit geboten hätte, sie öfters zu zeigen. Das Gegenteil traf ein. Gegen Ende eines jener Salons, im Jahre 1827 — man erneuerte nämlich die Bilder in dem Maße wie die Ausstellung verlängert wurde — stellte ich ein Gemälde »Sardanapal« aus, das gewissermaßen mein Rückzug von Moskau wurde, wenn man kleine Dinge mit großen vergleichen darf. Ich hatte in jenem Salon, der, wenn ich nicht irre, sechs Monate dauerte, einigen Erfolg gehabt. Dieses Werk nun, das als letztes hinzukam und exzentrisch schien, erregte, vorgeblich oder wirklich, den Unwillen meiner Freunde und meiner Feinde. Ich wurde zum Abscheu der Malerei. Man mußte mir Wasser und Salz verweigern. Herr Sosthènes de La Rochefoucauld, der damals das Portefeuille der Schönen Künste inne hatte, ließ mich eines schönen Tages zu sich entbieten. Und ich, ich bildete mir auf Grund dieser Einladung ein, er hätte eine gute Nachricht für mich und würde mir zum mindesten ein Bild in Auftrag geben! Ich trete ein. Als liebenswürdiger Mensch — man muß ihm diese Gerechtigkeit widerfahren lassen — ging er mit Freundlichkeit und so gut es ihm überhaupt möglich war zuwege —

er besaß nämlich in solchen Dingen keine Leichtigkeit — um mir zu verstehen zu geben, daß ich dem allgemeinen Urteil gegenüber entschieden unrecht haben müsse, und daß ich, wenn ich an den Gunstbeweisen der Regierung teilhaben wolle, meinen Stil endlich ändern müße. Bei dieser Enthüllung unterbreche ich ihn kurzerhand mit der Erklärung, daß ich nicht umhin könne, meiner Meinung zu sein und wenn Erde und Sterne anderer Ansicht wären. Und als er sich anschickte, mir mit Vernunftsgründen beizukommen, machte ich ihm eine tiefe Verbeugung und verließ sein Kabinett. Er blieb verblüfft zurück, verblüffter als ich. Ich war im Gegenteil über mich selbst erfreut, und mein »Sardanapal« schien mir von diesem Augenblick an sehr viel besser als ich bisher geglaubt.

Die Folge dieser Handlung war sehr bedauerlich. Kein Ankauf von Bildern, keine Aufträge mehr während mehr als fünf Jahren. Es bedurfte einer Revolution wie der von 1830, um andern Ideen Eingang zu verschaffen. Sie können sich denken, was ein derartiger Stillstand für mich bedeutete — von der finanziellen Seite gar nicht zu reden — in einem Moment, da ich mich fähig fühlte, die Wände einer ganzen Stadt mit Malereien zu bedecken. Nicht zwar, daß dadurch mein Eifer erkaltet wäre, aber es wurde so viel Zeit, und zwar die kostbarste, mit kleinen Dingen verloren.

Über sein gesellschaftliches Leben um diese Zeit schreibt Delacroix:

All' das war kein Hindernis für mein gesellschaftliches Leben. Ich machte es möglich, während des ganzen Tages außerordentlich zu arbeiten, und am Abend zog ich seidene Strümpfe an und blieb bis zwei oder drei Uhr in den Salons oder gab mich Zerstreuungen hin, die Sie sich denken können. Ich frage mich noch jetzt, wie ich mit meiner ziemlich zarten Gesundheit dieses ganze so bewegte Leben habe aushalten können. In solchem Fall muß man einen großen Teil den Hilfsmitteln der Jugend zuschreiben, die den Exzeß zuläßt, weil sie unaufhörlich bemüht ist, ihn wieder gut zu machen. So bin ich lange jung geblieben. Erst gegen das fünfundvierzigste Lebensjahr etwa hat mir eine kleine Mahnung der Natur zu merken gegeben, daß ich nicht ewig leben würde, und daß ich wählen müsse zwischen dem breiten und sehr kurzen Weg und einer etwas einfacheren und sich etwas mehr Einschränkungen auferlegenden Laufbahn, die aber dafür einige Dauer zu versprechen vermöchte. Ein sehr heftiges Kehlkopfleiden, das mehrere Jahre dauerte, zwang mich zu größerem Maßhalten. Seit jener Zeit widme ich mich intensiv der Arbeit, anderen Dingen aber fast gar nicht, und ich flehe zu Gott, daß er mich auf dieser weisen Bahn erhalte . . .

Der Salon Gérards gehörte zum Merkwürdigsten jener Zeit. Der Mensch selbst war ein Typus seltenster Art. Man traf sich bei ihm à l'italienne, d. h. um Mitternacht. Der Herr des Hauses war oft sehr angeregt und entzückte durch Mitteilung von Erinnerungen. Ich habe so viele Albernheiten über Männer von Ansehen erzählen hören, daß ich hinsichtlich dessen, was man den Leuten nachsagt, sehr mißtrauisch bin. Gérard galt als Hofmann. Man stempelte ihn zu einer Art von außerordentlich raffiniertem Diplomaten. Ich muß gestehen, daß jedesmal wenn ich ihn um irgend einen kleinen Dienst bat, seine Antwort sehr vieldeutig war. Doch sei hier eine Anekdote mitgeteilt, die ihn in einem jener Charakterausbrüche zeigt, wie sie bisweilen bei den vorsichtigsten Menschen vorkommen. Jacquemont[1]) hat mir erzählt, daß man ihm, als er ihn eines Tages aufsuchen wollte, sagte, Gérard sei in Saint-Cloud, wo er ein Porträt Karls X. malte. Nach einigen Augenblicken kommt Gérard heim, geht an ihm vorbei, ohne ihn zu sehen, betritt die Küche beim Torweg und setzt sich mit einer aufs höchste gesteigerten Wut an den Tisch in der Küche, in der sich, wenn ich nicht irre, seine Dienerschaft befand. Mit Donnerstimme sagte er dann: Man gebe mir Brot und Käse und zum Teufel mit allem Übrigen. Er hatte an jenem Tag eine jener Unverschämtheiten zu spüren bekommen, mit denen die Fürsten nicht geizen, und die sich im besondern die Bourbonen der Restaurationsaera öfters gegenüber Männern der Revolutionszeit oder gegenüber solchen, die früher in näheren Beziehungen zum Kaiserreich gestanden, erlaubten . . .

[1]) Victor Jacquemont (1801—1832), französischer Forschungsreisender und Schriftsteller.

Einer der charmanten Männer jenes Salons und jener Zeit war der arme Beyle (Stendhal), der im Jahre 1842 plötzlich gestorben ist, als er noch in der Blüte seines Talentes stand. Für mich ist er der Schriftsteller, der vielleicht am meisten Eigenart hat, in Verbindung mit dem denkbar besten Französisch; ich meine unter den Modernen. Niemand versteht zu erzählen wie er. Im Salon war er sehr amüsant und hatte sehr originelle und geistreiche Einfälle. Mérimée hat ihn besser gekannt als ich und könnte Ihnen sehr reizvolle Détails über ihn mitteilen. Wir veranstalteten in den Jahren 1825 bis 1830 öfters kleine Diners, unter uns und mit einigen andern Originalen zusammen. Koreff[1]) gehörte zu diesen Leuten. Er kam auch zu Gérard. Er war sehr amüsant. Sein ausländischer Akzent und — infolge davon — eine gewisse Schwerfälligkeit im Ausdruck gaben dem was er sagte einen besondern Reiz. Seine Kaltblütigkeit brachte oft aus der Fassung und dämpfte das Ungestüm von Beyle. .

. . . .

. . . .

. . . .

. . Einer der größten Reize dieser Zusammenkünfte lag darin, daß wir uns fast alle Tage der Woche in den Häusern, die wir frequentierten und die einen bestimmten Besuchstag hatten, trafen. So bei Gérard, bei Madame Ancelot[2]) (eine weitere Zierde des Salons von Gérard), bei Cuvier[3]), im »Jardin des Plantes« usw. . .

Damit schließen die autobiographischen Fragmente. Kaum in Zusammenhang mit ihnen steht eine kurze Erörterung über Idealismus und Realismus in der Malerei.

Ist es wohl zu gewagt zu sagen, das Idealistische sei das was auf die Idee ausgehe — ob diese nun nachgeahmt ist oder nicht — und der Realismus sei der wirklichkeitsnähere Aus-

---

[1]) Unbekannt.

[2]) Marguerite Louise Ancelot (geb. Chardon) (1792—1875). Verfasserin der »Salons de Paris« und verschiedener Romane und Dramen.

[3]) Georges Cuvier (1769—1832), der bekannte Naturforscher.

druck der Dinge bei ihrer Wiedergabe durch die Malerei? Das ist, glaube ich, der Sinn dieses Wortes.

Man kann unmöglich leugnen, daß die Notwendigkeit, die den Maler zwingt, bei der Wiedergabe des Wirklichen, selbst im buchstäblichen Sinne, künstliche Mittel anzuwenden, Verschiedenheiten zwischen dem Objekt und der Darstellung, die er von ihm gibt, hervorbringen muß. Er legt in seine Nachbildung immer etwas von seiner Geistesart, den Grad von natürlicher Gewandtheit, der ihm eigen ist. Er läßt einen, ob er nun mit Anmut oder Unbeholfenheit nachbildet, das empfinden, was er schaut. Das gleiche Modell, so genau als überhaupt möglich von zwanzig Künstlern wiedergegeben, wird in ihren Bildern zwanzig verschiedene Anblicke bieten. Ich gehe noch weiter: der gleiche Künstler wird oft vor ein und demselben Objekt verschiedene Eindrücke haben. In was besteht also der Realismus? Darüber wird er entscheiden.

Wenn man das Wort nicht im strengen Sinne nimmt, so kann man den Realismus, wie ihn gewisse Schulen betätigt haben, billigen. Ich spreche von denjenigen, in welchen der Maler, bei voller Hingabe an seine Phantasie in bezug auf Komposition und Anordnung des Motivs, in der Ausführung eine präzisere Wiedergabe der Natur sucht.

In solchen Schulen kann es gerade so viel Idealität geben wie in Werken, in denen man sie dadurch zu erreichen geglaubt hat, daß man sich vom Naturvorbilde zum Zwecke seiner Verschönerung entfernte. Die Spanier Murillo, Zurbaran usw., in Italien Caravaggio, Guercino, sind Muster dieser Art Realismus, des einzigen der in der Kunst erlaubt ist, weil er beim Künstler die Idee, den Gedanken, kurz die Seele nicht ausschließt. Eine deutlich erkennbare Wirklichkeit ist notwendig, nur der buchstäbliche Realismus ist stupid. Holbein macht in seinen Bildnissen den Eindruck der Wirklichkeit selbst und ist sublim. Für die Hand des »Mannes mit der Schleife« von Raffael gilt das Gleiche. Es ist aber das individuelle Empfinden des Malers, welches diesen Reiz verleiht. Den Beweis erhält man beim Vergleichen dieser naiven und doch so idealistischen Gemälde mit den meisten Gestalten Davids, der die Natur so viel als möglich nachahmt, wobei er sie stets verschönert und doch nur selten das Ideale erreicht. Es ist unmöglich, die Nachahmung weiter zu treiben als es z. B. in dem Bild der »Horatier« der Fall ist; das Bein, der Fuß des Horatiers usw. weisen eine fast sklavische Nachahmung auf. Die Absicht zu verschönern wird immerhin in der Auswahl der Formen deutlich.

Ich habe an anderer Stelle, über das Schöne,[1]) gesagt, David besitze weniger Idealität als Rembrandt, und das trotz seiner Korrektheit und seiner Sucht nach antiken Formen. Ein eigentümlicher Umstand: in mehreren seiner Porträts ist er ebenso idealistisch wie Raffael und von größerer Treue in der Nachahmung. Sein Papstbildnis[2]) ist von frappierender Idealität. Die ganze Seele des Dargestellten, seine ganze Resignation atmet aus seinen Linien. Das Porträt der Madame de V...[3]), vielleicht das Meisterwerk Davids, ist die edelste Gestalt die man sich überhaupt denken kann, und dabei hat er nichts getan als das Naturvorbild genau wiedergegeben.

Absolute Systeme sind in Angelegenheiten des Gefühls immer absurd. Wer in dem Gemälde der »Thermopylen« die Figur des jungen Mannes, der seine Sandalen bindet, verdecken wollte, würde in dem ganzen Bild nur die Arbeit eines schulmäßigen Meisters und nicht die eines genialen Mannes finden. Diese eine Figur hingegen, eine der vollkommensten welche die Malerei hervorgebracht hat, ist im wahren Sinne antik empfunden und nicht im Sinne jenes Systems sklavischer Nachahmung von Statuen, das fast alle seine Werke verunstaltet.

Die alte Frau in den »Sabinerinen«, die Kinder, die Frau, die ein Wickelkind in die Höhe hält, usw. usw. sind Glanzstücke gleicher Art, die David einen sehr hohen Rang einräumen. Weder bei einem Alten noch bei einem Modernen gibt es etwas,

---

[1]) Delacroix hat sich über das Problem des Schönen in den Aufsätzen »Questions sur le Beau« und »Des Variations du Beau«, von denen der erstere in der »Revue des Deux Mondes« vom 15. Juli 1854 erschien, ausgesprochen.

[2]) Gemeint ist das 1805 geschaffene Bildnis des Papstes Pius VII.

[3]) Gemeint ist das Porträt von Henriette Delacroix, der Schwester des Künstlers, die mit Reymond de Verninac-Saint-Maur verheiratet war.

das idealer aufgefaßt wäre als die Figur des Sokrates in dem Gemälde »Der Tod des Sokrates«. Sie ist wirklich göttlich. Daß sich die Akademie da und dort bei den andern Figuren geltend macht, daß die Malerei kalt, die Farbe geistlos und hart ist, das sind zweifellos große Übelstände. Die Vorzüge, die hier fehlen, wie z. B. die Anmut der Gesamtwirkung, die Harmonie des Konturs etc., gleichen etwa dem Honig, mit dem die Ränder des Gefäßes unbedingt verdeckt werden müssen. Die großartigste Idee kann jedenfalls dadurch, daß sie mit allen Herrlichkeiten der Kunst geschmückt und angetan ist, nichts verlieren. Das ist der Grund der Inferiorität Davids gegenüber den großen Meistern, die mit dem Charme der Ausführung die Kraft der Konzeption verbinden. Das ist auch der Grund des unentschuldbaren Irrtums gewisser Schulen, die aus dem Mangel an allen reizvollen malerischen Qualitäten gewissermaßen einen Anspruch auf Bewunderung herleiten. David jedenfalls war in seiner Art die Dinge wiederzugeben naiv. Er tut in keiner Weise, als ob er sie anders geben wolle als sie sind, unter dem Vorwand der Vorbildlichkeit alter Fresken, wie das jene Schulen in ihren schieferfarbigen Himmeln, ihren hölzernen Figuren, ihren Goldgründen etc. tun.

Die Formen der Antike, die Figuren Michelangelos und so viele andere erhabene Werke, welche die buchstäbliche Nachahmung nicht kennen, lassen einen bei den primitiven Meistern, von denen wir gesprochen, nachdenklich werden. Die Nachahmung dagegen, weit entfernt davon, der Einwirkung auf die Phantasie zu schaden, steigert sie zweifellos. Was ist es doch was zur Seele spricht und ohne das es weder Maler noch Beschauer gibt? Es ist das Undefinierbare, die geheimnisvolle Inspiration, das Unnennbare, das Allem Seele verleiht.

Daraus ergibt sich die Notwendigkeit, vom Modell nur das zu nehmen, was zur Verdeutlichung und zur Verstärkung der Idee dient. Die Formen des Modells, sei dieses nun ein Baum oder ein Mensch, sind nur das Wörterbuch, aus dem der Künstler seine sich rasch verflüchtigenden Eindrücke neu schöpft, oder richtiger gesagt, mittelst dessen er sie gewissermaßen stärkt, denn er muß Gedächtnis besitzen. Eine Komposition ersinnen bedeutet, die Elemente von Objekten, die man kennt, die man gesehen hat, mit andern Elementen, die von der Seele des Künstlers herrühren, zu verbinden. Viele dagegen komponieren mit dem Modell vor Augen. Sie nehmen weg, sie fügen hinzu, stets aber gehen sie von dem ihnen fremden Objekt, dem äußern Modell aus. Sie werden also immer von der Einwirkung der lebenden Natur beherrscht, die sich nur zu zeigen braucht, selbst wahllos und ohne Zusammenhang mit etwas anderem, um verführerisch zu erscheinen. Diese Art zu Werke zu gehen erklärt die erstaunliche Geistlosigkeit gewisser Schöpfungen. Bei den Werken, bei denen der Künstler mit einem Detail begonnen hat, das in keinem Zusammenhang mit einer vorher gefaßten Idee steht, kann sich der Unglückliche bis zur Fertigstellung nur durch genaue Nachbildung der Details, die den Anlaß zu seiner ärmlichen Inspiration gegeben, helfen. Zweifellos ist das Modell notwendig und fast unentbehrlich, aber es ist nur der Sklave, welcher der Erfindung untertan sein muß. Man entlehnt ihm einige Details, die selbst die großartigste Phantasie und das treueste Gedächtnis nicht hervorbringen könnten und die dem, was die Phantasie geschaffen, gewissermaßen die Konsekration geben. Es versteht sich von selbst, daß diese Art zu arbeiten das vollkommenste Können erfordert und um Könner zu werden, braucht es das ganze Leben.

Wenn ich sage, daß man dem Modell bloß einige Details entlehnen soll, so darf man das nicht zu eng und zu absolut auffassen. Jede individuelle Anlage gibt sich den Maßstab für den Grad der Nachahmung. Die Holbein, Memling sind erhaben, nicht trotz ihrer erstaunlichen und genauen Nachbildung sondern wegen derselben. Alles hängt vom Geist ab, der sich in der Nachahmung ausspricht. . . . .

. . . .

Decamps, unser vortrefflicher Zeitgenosse, erweckte in seiner letzten Manier den Eindruck, als ob er sich an einer Art Schönheitssuchen abmühe, doch hat er dabei bei einigen seiner der Bibel entnommenen Motive seinem Talent einigermaßen Gewalt angetan, zu dem Zwecke, seinen Figuren mittels der Reinheit der Linien und der Nachahmung der Antike resp. der italienischen Meister eine scheinbare Idealisierung zu geben. Er führt deutlich ein parasitisches Element in seine Manier ein. Seine Gestalten verlieren an Lebenswahrheit was er ihnen an Vornehmheit verleihen zu können glaubt. Rembrandt würde wahrere Menschen geschaffen haben und dabei würde ihm das Ideale doch auch nicht gefehlt haben. Die beste Kritik dieses etwas gesuchten Stils bildet das Kamel, das, wie man sich erinnert, im Vordergrund eines seiner Motive figuriert und das von großer Realität und nach der Natur geschaffen ist. Raffael würde sicher edle und ungezwungene Gestalten geschaffen haben, hätte uns aber dafür als Kamel ein Ungeheuer seiner Erfindung geboten. Leute von der Schule werden sagen, den letzten Gemälden eigne eine größere Sicherheit des Stils als gewissen nachlässiger gearbeiteten Kompositionen des gleichen Künstlers. Der Mann von Geschmack wird das Gegenteil finden: da wo der Künstler geschraubt und gesucht ist verliert er seine Eigenart, seine Originalität.

Die Freiheit in der künstlerischen Gestaltung verteidigt Delacroix folgendermaßen:[1])

Wenn Ihre Augen auf jenen zauberischen Bildern verweilen, die das Genie eines Rubens mit Leben füllt, bleiben Sie dann kalt, verschließen Sie Ihre Seele dem Drang zu bewundern, weil die blendend schöne Fleischbehandlung in der Linienführung etwas der Korrektheit und Vornehmheit ermangelt? Das Schöne in den Werken der Menschen lieben zu können, bedeutet, unvermeidliche Unvollkommenheiten hinnehmen zu können. Die Koloristen besonders vermögen die Qualitäten nur durch unumgängliche Mängel zu erwerben. Um eine klare Wirkung zu erzielen müssen sie im Bedarfsfalle alles opfern können, und je größer ihr Talent ist je berechtigter scheint es ihnen, die herkömmlichen Erfordernisse des Motivs und die Anforderungen der Zeichnung gering zu achten. . . . Meine

[1]) Nach Piron soll dieses Fragment vom Künstler später einem Artikel über Rubens einverleibt worden sein, doch ist ein solcher Artikel nicht erhalten.

Herren, vergessen wir nicht: die packenden und einzigartigen Fähigkeiten sind auf dem Gebiete der Künste das beste Schutzmittel gegen die Mittelmäßigkeit, und welches auch die Unvollkommenheiten, die sie erzeugen, sein mögen: die Künstler, die sie besitzen, bleiben deswegen doch starke und große Künstler.

Ed. Manet: Ch. Baudelaire. 1865. Radierung.

CHARLES BAUDELAIRE
ÜBER
EUGÈNE DELACROIX

DER SALON VON 1845.

Herr Delacroix ist ohne Frage der eigenartigste und ursprünglichste Maler der alten und der neuen Zeit. Es ist so, wozu es bestreiten wollen? Von den Freunden des Herrn Delacroix, selbst von den begeistertsten, hat keiner dies einfach, gerade heraus und ohne Scheu auszusprechen gewagt wie wir. Dank der späten Gerechtigkeit der Zeit, die allen Groll, alle Erregtheit und allen bösen Willen mildert und langsam jedes Hindernis aus dem Wege räumt und begräbt, stehen wir nicht mehr in einer Zeit, in welcher der Name von Herrn Delacroix für die »Rückständigen« ein Anlaß war, sich zu bekreuzen und für alle Fortschrittlichen, ob sie nun Verständnis hatten oder nicht, ein Symbol des Zusammenschlusses; diese »schönen Zeiten« sind vorbei. Herr Delacroix wird stets etwas angefochten bleiben, gerade so viel als nötig ist, um seine Aureole um einige Strahlen zu vermehren. Um so besser! Er hat das Recht, immer jung zu sein, denn er hat uns nicht getäuscht, er hat uns nicht belogen wie einige undankbare Abgötter, die wir in unsere Ehrentempel erhoben haben. Herr Delacroix ist noch nicht Mitglied der Akademie, aber er gehört ihr moralisch an; seit langem hat er alles gesagt was nötig ist, um der erste zu sein: darüber ist man einig. Es bleibt ihm nur noch übrig — und es ist das eine fabelhafte Kraftleistung eines Genies, das unaufhörlich auf der Suche nach Neuem ist — auf dem guten Wege, den er immer gegangen ist, weiterzuschreiten.

Herr Delacroix hat dieses Jahr vier Gemälde gesandt.[1])

1. DIE HEILIGE MAGDALENA IN DER WÜSTE.

Ein zurückgebogener Frauenkopf in einem sehr engen Rahmen. Rechts oben ein kleines Stück Himmel oder Felsen — etwas Blaues. Die Augen der Magdalena sind geschlossen, der Mund ist weich und schmachtend, die Haare aufgelöst. Nur wer

---

[1]) Delacroix hatte fünf Gemälde eingesandt gehabt. Eines davon, die »Erziehung der hlg. Jungfrau« (die »Sainte Anne de Nohant«) war ihm refüsiert worden. Vergl. E. Moreau-Nélaton: E. Delacroix. Band II pag. 38 und E. Delacroix: Briefe. Band I pag. 189.

es gesehen hat kann sich vorstellen, was der Künstler alles an intimer, geheimnisvoller und romantischer Poesie in diesen einfachen Kopf gelegt hat. Er ist beinahe ganz mit unvertriebenen Pinselstrichen gemalt wie viele Bilder von Herrn Delacroix; die Töne sind keineswegs auffallend oder intensiv, vielmehr sehr zart und sehr zurückhaltend; die Gesamtwirkung ist fast grau, doch von vollkommener Harmonie. Das Gemälde belegt uns eine Tatsache, die wir schon lange geahnt und die in einem andern Bild, auf das wir sofort zu sprechen kommen werden, noch deutlicher ist, die nämlich, daß Herr Delacroix bedeutender ist als je und sich auf einer ununterbrochenen Bahn des Fortschritts befindet, d. h. daß er mehr als je die Harmoniegesetze beherrscht.

2. DIE LETZTEN WORTE MARC AURELS.[1]

Marc Aurel empfiehlt seinen Sohn den Stoikern. — Er ist halb nackt und sterbend und stellt den jungen Commodus, der, jung, rosig, weich und wollüstig, sich zu langweilen scheint, seinen strengen, ihn in untröstlicher Haltung umgebenden Freunden vor.

Ein herrliches, ein großartiges, ein erhabenes und ein unverstandenes Gemälde. — Ein bekannter Kritiker hat dem Maler hohes Lob dafür gespendet, daß er den Commodus, d. h. die Zukunft, ins Licht gestellt, die Stoiker, d. h. die Vergangenheit, dagegen in den Schatten. Wie geistvoll! Mit Ausnahme von zwei Figuren im Halbdunkel haben alle Personen ihren Teil Licht. Das erinnert uns an die Bewunderung eines republikanischen Literaten, der den großen Rubens aufrichtig dazu beglückwünschte, daß er in einem seiner offiziellen Gemälde der Medicigalerie das eine Bein Heinrichs IV. von Stiefel und Strumpf entblößt habe, ein Zug unabhängiger Satire, der Hieb eines Freidenkers gegen die königliche Ausschweifung. Rubens als Sansculotte! O Kritik! O Kritiker! . . . .

Hier haben wir den ganzen Delacroix, d. h. wir haben eine der vollkommensten Proben von dem was ein Genie in der Malerei vermag vor Augen.

[1]) Vergleiche Abbildung 246 im Delacroixwerk Moreau-Nélatons.

Die Farbe verrät ein unvergleichliches Können; sie ist absolut fehlerlos. Und dennoch sind das nur Kraftproben, Kraftproben die dem unaufmerksamen Auge unsichtbar sind, denn die Harmonie ist matt und tief. Die Farbe, weit davon entfernt, ihre erregende Originalität in dieser neuen und vollkommeneren Manier zu verlieren, ist immer blutvoll und von erschauernder Eindrücklichkeit. — Das gute Abwägen von Grün und Rot behagt unserer Seele. Herr Delacroix hat sogar, so scheint uns wenigstens, einige Töne in diesem Gemälde verwendet, die er bis jetzt nicht zu gebrauchen pflegte. Die einen bringen die andern gut zur Geltung. Der Hintergrund ist so ernsthaft behandelt, wie es für einen solchen Vorwurf notwendig war.

Kurz, sprechen wir es aus, denn niemand tut es: das Gemälde ist vollkommen gut gezeichnet, ist vollkommen gut modelliert. Macht sich das Publikum wohl eine Vorstellung davon, wie schwierig es ist, mit Farbe zu modellieren? Die Schwierigkeit ist eine doppelte: mit einem einzigen Ton modellieren bedeutet, mit einem Wischer modellieren, die Schwierigkeit ist nicht groß; mit der Farbe modellieren bedeutet, in rascher, spontaner, komplizierter Arbeit zuerst die Logik der Schatten und des Lichtes zu finden, dann die Richtigkeit und die Harmonie des Tones. Anders ausgedrückt: es handelt sich, wenn der Schatten grün und ein Licht rot ist, darum, auf den ersten Schlag eine Harmonie von grünen und roten Tönen zu finden, die einen dunkel, die andern hell, welche die Wirkung eines monochromen und »runden« Objektes vermitteln.

Das Gemälde ist vollkommen gut gezeichnet. Ist es nötig, bei Anlaß dieses ungeheuerlichen Paradoxons, dieser schamlosen Lästerung, das zu wiederholen und von neuem zu erklären, was Herr Gautier in einem seiner Feuilletons des letzten Jahres in bezug auf Herrn Couture sich die Mühe genommen hat zu erklären — denn Herr Th. Gautier kommentiert, wenn die Werke seinem literarischen Temperament und seiner literarischen Bildung liegen, das gut was er richtig erfaßt — nämlich das, daß es zwei Arten von Zeichnung gibt, die Zeichnung der Koloristen und die Zeichnung der Zeichner? Das Verfahren ist entgegengesetzt; jedoch kann man sehr gut mit einer wilden Farbe zeichnen, wie man harmonische Farbenmassen finden und dabei doch ausschließlich Zeichner bleiben kann.

Wenn wir also sagen, das Gemälde sei gut gezeichnet, so wollen wir damit nicht zu verstehen geben, daß es wie ein Raffael gezeichnet sei; wir wollen vielmehr sagen, daß es in einer unmittelbaren und geistreichen Art gezeichnet sei; daß diese Art von Zeichnung, die einige Analogie mit der aller großen Koloristen, des Rubens z. B., besitzt, die Bewegung, die Physiognomie, den ungreifbaren und vibrierenden Charakter der Natur — was die die Zeichnung Raffaels niemals gibt — gut, ja vollkommen wiedergibt. Wir kennen in Paris nur zwei Menschen, die ebenso gut zeichnen wie Herr Delacroix, der eine in einer verwandten, der andere in einer entgegengesetzten Art. Der eine ist Herr Daumier, der Karikaturist; der andere Herr Ingres, der große Maler, der gewiegte Verehrer Raffaels. Sicherlich wird diese Behauptung Freunde und Feinde, blinde Nachbeter und Gegner in höchstes Erstaunen versetzen; aber bei ausdauernder und sich mühender Aufmerksamkeit wird jeder erkennen, daß diese drei verschiedenen Zeichnungsarten das gemeinsam haben, daß sie die Seite der Natur, die sie wiederzugeben beabsichtigen, vollkommen und vollständig wiedergeben, und daß sie genau das sagen, was sie sagen wollen. Daumier zeichnet vielleicht besser als Delacroix, wenn man die natürlichen, gesunden Eigenschaften den seltsamen und erregenden Fähigkeiten eines großen Genies, das am Genie krankt, vorziehen will; Herr Ingres, der ins Detail so verliebt ist, zeichnet vielleicht besser als alle beide, wenn man den mühereichen Feinheiten vor der Harmonie des Ensembles und dem Teilstück vor der Komposition den Vorzug gibt, aber . . . .

. . . .

. . . .

. . . .

. . . .

. . . .

lieben wir sie alle drei.

3. EINE SIBYLLE DIE AUF DEN GOLDENEN ZWEIG WEIST.[1])

Auch dies Bild ist von schöner und eigenartiger Farbe. Der Kopf erinnert ein wenig an die charmante Unentschiedenheit der Zeichnungen zum Hamlet. Als Modellierung und als Farbmaterie unvergleichlich; die nackte Schulter reicht an Correggio heran.

4. DER SULTAN VON MAROKKO UMGEBEN VON SEINER GARDE UND SEINEN OFFIZIEREN.[2])

Das ist das Gemälde von dem wir eben sprechen wollten, als wir versicherten, daß Herr Delacroix in der Kunst der Harmonie Fortschritte gemacht habe. In der Tat, hat man zu irgend einer Zeit eine größere musikalische Koketterie entwickelt? Ist Veronese jemals feenhafter gewesen? Hat man jemals auf einer Leinwand kapriziösere Melodien erklingen lassen? Einen wunderbareren Akkord von neuen, unbekannten, delikaten und bezaubernden Tönen? Wir wenden uns an die Aufrichtigkeit eines jeden der seinen alten Louvre kennt: man nenne ein Gemälde eines großen Koloristen, welches in der Farbe so viel Geist besitzt, wie das von Herrn Delacroix. — Wir wissen, daß wir nur von einer kleinen Zahl werden begriffen werden, aber das genügt uns. — Das Gemälde ist so harmonisch, trotz dem Glanz der Töne, daß es grau wirkt, grau wie die Natur, grau wie die Atmosphäre des Sommers, wenn die Sonne eine Art Dämmerung von zitterndem Staub über alle Dinge ausbreitet. Auch sieht man es nicht auf den ersten Blick; seine Nachbarn schlagen es tot. Die Komposition ist ausgezeichnet; sie hat, da sie wahr und natürlich ist, etwas frappierendes. . . . .

. . . .

. . . .

P. S. Man sagt, es gäbe ein Lob das kompromittiere, und daß ein verständiger Feind besser sei . . . . etc. Wir aber, wir glauben nicht, daß man ein Genie dadurch kompromittieren kann, daß man es erklärt.

[1]) Vergleiche Abbildung 251 im Delacroixwerk Moreau-Nélatons.
[2]) Vergleiche Abbildung 249 im Delacroixwerk Moreau-Nélatons.

DER SALON VON 1846.

Romantik und Farbe[1]) führen mich geradenwegs zu Eugène Delacroix. Es ist mir unbekannt, ob er auf seine Eigenschaft als Romantiker stolz ist, doch gehört er hierher, denn die Mehrheit des Publikums hat ihn seit langem, ja sogar schon von seinem ersten Werke an[2]), zum Haupt der modernen Schule gemacht.

Beim Eintreten auf diesen Abschnitt ist mein Herz von heiterer Freude erfüllt, und ich wähle absichtlich meine neusten Federn, so sehr liegt mir daran, klar und durchsichtig zu sein, und eine solche Freude fühle ich, dieses mir liebste und sympathischste Thema zu behandeln. Ich muß, damit die Folgerungen dieses Kapitels richtig verstanden werden, etwas weit in der Geschichte dieser Zeit zurückgreifen und dem Publikum nochmals einige, zwar von den frühern Kritikern und Historikern schon zitierte, aber für die Gesamtheit der Beweisführung notwendige Aktenstücke unterbreiten. Übrigens werden die wahren Bewunderer von Eugène Delacroix nicht ohne ein lebhaftes Vergnügen einen Artikel des »Constitutionnel« von 1822 wieder lesen, welcher der Salonbesprechung des Herrn Thiers, des Journalisten, entnommen ist:

»Kein Gemälde offenbart meiner Ansicht nach stärker einen künftigen großen Maler als das von Herrn Delacroix, das Dante und Virgil in der Unterwelt darstellt. Hier vor allem kann man jenen Schwung des Talentes, jenen Elan der beginnenden Meisterschaft beobachten, welcher die durch das allzu bescheidene Verdienst alles Übrigen ein wenig enttäuschten Hoffnungen wieder aufleben läßt.

»Dante und Virgil, von Charon geleitet, setzen über den Fluß der Unterwelt und zerteilen mit Mühe die Menge, die sich um die Barke drängt, um sie zu besteigen. Dante, lebend gedacht,

[1]) Baudelaire spricht in den unmittelbar vorangehenden Kapiteln über das »Wesen der Romantik« und über die »Farbe«.

[2]) Gemeint ist das Bild »Dante und Virgil in der Unterwelt«, das, 1822 im »Salon« ausgestellt, dem vierundzwanzigjährigen Künstler einen großen Erfolg brachte und vom Staate angekauft wurde.

hat die furchtbare Gesichtsfarbe des Schauplatzes; Virgil, mit einem dunklen Lorbeerkranz gekrönt, hat die Farbe des Todes. Die Unglücklichen, zur ewigen Sehnsucht nach dem gegenüberliegenden Ufer verurteilt, klammern sich an die Barke: der eine greift vergeblich nach ihr und taucht, durch seine allzurasche Bewegung umgeworfen, wieder ins Wasser unter; ein anderer umfaßt sie mit den Armen und stößt mit den Füssen diejenigen, die wie er an Bord gelangen wollen, zurück; zwei andere beißen sich mit den Zähnen an den Planken die ihnen entgleiten fest. Es herrscht der Egoismus der Not, die Verzweiflung des Orkus. In diesem der Übertreibung so nahekommenden Vorwurf findet man doch eine Strenge des Geschmacks, eine Angemessenheit in der Schilderung des Örtlichen gewissermaßen, welche die Zeichnung, der die strengen aber in diesem Punkte wenig gut beratenen Richter Mangel an Adel vorwerfen könnten, würzt. Der Pinselstrich ist breit und bestimmt, die Farbe einfach und kraftvoll, wenn auch ein wenig derb.

»Der Autor besitzt außer jener poetischen Phantasie, die dem Maler wie dem Schriftsteller eigen ist, jene künstlerische Phantasie, die man gewissermaßen die Phantasie der Zeichnung nennen könnte und die ganz anderer Art ist als die eben genannte. Er wirft seine Figuren hin, gruppiert und fügt sie nach Gutdünken mit der Kühnheit eines Michelangelo und der Fruchtbarkeit eines Rubens. Irgendwie fühle ich mich beim Anblick des Gemäldes an die großen Künstler erinnert; ich finde in ihm jene wilde, feurige, aber natürliche Kraft wieder, die mühelos ihrem eigenen Elan folgt. . . . .

. . . .

»Ich glaube nicht mich zu täuschen: Herrn Delacroix ist Genie zuteil geworden; möge er zuversichtlich vorwärtsschreiten, möge er sich der gewaltigen Arbeit, welche die unerläßliche Voraussetzung des Talentes ist widmen; und was ihm noch mehr Selbstvertrauen geben muß ist der Umstand, daß die Meinung, der ich hier in bezug auf ihn Ausdruck gebe, die eines der großen Meister der Schule ist.«[1])

A. T . . . rs.

---

[1]) Gemeint ist der Maler Baron Gros, der sich außerordentlich lobend über das Bild ausgesprochen hatte. Vergleiche pag. 15.

Diese enthusiastischen Zeilen sind wahrhaft verblüffend und zwar ebensosehr durch ihre Frühreife als durch ihre Kühnheit. Wenn der Chefredaktor der Zeitung, wie anzunehmen ist, Anspruch darauf erhob, sich in der Malerei auszukennen, mußte ihm der junge Thiers etwas verrückt vorkommen.

Um sich eine richtige Vorstellung von der tiefen Verwirrung zu machen, welche das Gemälde »Dante und Virgil« bei den Geistern von damals anrichten mußte, von dem Erstaunen, von der Verblüffung, von der Wut, dem Hurrageschrei, den Injurien, dem Enthusiasmus und dem frechen Gelächter, welche das schöne Gemälde, das wahre Signal einer Revolution, umgaben, muß man sich in Erinnerung rufen, daß es in dem Atelier des Herrn Guérin, eines Mannes von großem Verdienst, aber despotisch und exklusiv wie sein Lehrer David, nur eine kleine Zahl von Parias gab, die sich im Geheimen intensiv mit den alten Meistern beschäftigten und schüchtern im Schatten Raffaels und Michelangelos zu konspirieren wagten. Von Rubens ist noch nicht die Rede.

Herr Guérin, schroff und streng gegen seinen jungen Schüler, sah sich das Gemälde nur wegen dem Lärm der sich darüber erhob an.

Géricault, der aus Italien zurückkam und, wie man sagt, vor den großen römischen und florentinischen Fresken mehrere seiner fast einzigartigen Qualitäten abgeschworen hatte, beglückwünschte den jungen, noch schüchternen Maler so sehr, daß dieser davon eigentlich beschämt war.

Vor diesem Gemälde, oder einige Zeit später vor den »Pestkranken von Skios«[1]) war es, daß Gérard, der, wie es scheint, mehr Mann von Geist als Maler war, selber ausrief: »Ein Maler ist uns offenbart worden, aber es ist ein Mensch der über Dächer läuft!« Um über Dächer zu laufen muß man solide Füsse und von innerm Licht erleuchtete Augen haben.

Ruhm und Anerkennung seien den Herren Thiers und Gérard gespendet!

---

[1]) Ich brauche den Ausdruck »Pestkranke« statt »Massaker«, um den leichtfertigen Kritikern die so oft getadelten Fleischtöne zu erklären. B.

Von dem Gemälde »Dante und Virgil« bis zu den Malereien der Pairs- und Deputiertenkammer ist es ohne Zweifel ein weiter Weg. Doch der Lebenslauf von Eugène Delacroix ist nur wenig bewegt. Für einen Mann wie er, von solchem Mut und solcher Leidenschaft, sind die interessantesten Kämpfe die, welche er mit sich selbst zu bestehen hat. Der Horizont braucht nicht weit zu sein, damit die Schlacht bedeutend ist; die merkwürdigsten Revolutionen und Ereignisse spielen sich unter der Wölbung der Hirnschale ab, in dem engen und geheimnisvollen Laboratorium des Gehirns.

Da sich nun also der Mann recht gehörig geoffenbart hatte und sich immer stärker offenbarte (allegorisches Gemälde auf Griechenland, der »Sardanapal«, die »Freiheit« usw.), und die Ansteckung des neuen Evangeliums von Tag zu Tag ärger wurde, sah sich selbst die Geringschätzung der Akademiker gezwungen, sich um das neue Genie zu kümmern. Herr Sosthènes de La Rochefoucauld, der damalige Direktor der Schönen Künste, ließ eines schönen Tages E. Delacroix zu sich entbieten und sagte ihm nach vielen Komplimenten, es sei betrübend, daß ein Mann von so reicher Phantasie und von so schönem Talent, dem zudem die Regierung wohlgesinnt sei, nicht ein wenig Wasser in seinen Wein tun wolle; endlich und kurz fragte er ihn, ob es ihm nicht möglich sei, seinen Stil zu ändern. Eugène Delacroix über diese bizarre Zumutung und über diesen ministeriellen Rat ungeheuer erstaunt, antwortete in fast komischem Zorn, daß, wenn er so male, er offenbar so malen müsse und er eben nicht anders malen könne. Er fiel vollkommen in Ungnade und wurde während sieben Jahren von allen Aufträgen ausgeschlossen. Bis 1830 mußte er warten[1]). Herr Thiers hatte damals im »Globe« einen neuen und sehr pompösen Artikel veröffentlicht.

Eine Reise nach Marokko hinterließ, wie es scheint, in seinem Geiste einen tiefen Eindruck. Dort konnte er nach Herzenslust Mann und Weib in der Freiheit und angeborenen Ursprünglichkeit ihrer Bewegungen studieren und durch den Anblick einer von aller schädlichen Blutvermischung freien

---

[1]) Vergleiche Seite 23 f.

und durch Gesundheit und ungehinderte Ausbildung ihrer Muskeln ausgezeichneten Rasse die antike Schönheit verstehen. Aus dieser Epoche stammen wahrscheinlich die Komposition »Frauen aus Algier« und eine Menge Skizzen.

Bis jetzt ist man gegen Eugène Delacroix ungerecht gewesen. Die Kritik war ihm gegenüber beissend und verständnislos; von einigen rühmlichen Ausnahmen abgesehen hat ihm selbst das Lob oft beleidigend vorkommen müssen. Im allgemeinen und für die meisten Leute bedeutet die Nennung von Eugène Delacroix eine Infiltrierung ihres Geistes mit irgend welchen vagen Ideen von falsch angewandter Leidenschaft, von Ungestüm, abenteuerlicher Inspiration, ja selbst von Unordnung; und für diese Herren, welche die Mehrheit des Publikums ausmachen, spielt der Zufall, der artige und gefällige Diener des Genies, in seinen glücklichsten Kompositionen eine große Rolle. In jener unglücklichen Revolutionsepoche, von der ich eben sprach und deren zahlreiche Irrtümer ich aufgeführt habe, hat man Eugène Delacroix oft mit Victor Hugo verglichen. Man hatte den romantischen Dichter, es fehlte noch der Maler. Diese Notwendigkeit, um jeden Preis Pendants und Analoga in den verschiedenen Künsten zu finden, führt oft zu sonderbaren Schnitzern, und gerade der genannte beweist, wie wenig man sich auskannte. Ganz gewiß mußte der Vergleich Eugène Delacroix peinlich vorkommen, vielleicht allen beiden; denn wenn meine Definition der Romantik (Intimität, Spiritualität u. s. w.) Delacroix an die Spitze der Romantik stellt, schließt sie naturgemäß Herrn Victor Hugo davon aus. Die Parallele blieb im banalen Bereich herkömmlicher Ideen, und diese beiden Vorurteile verwirren noch heute viele schwache Köpfe. Man muß ein für allemal mit diesen rhetorischen Albernheiten aufräumen. Ich bitte alle die, welche das Bedürfnis empfunden haben, sich für ihren eigenen Gebrauch eine bestimmte Aesthetik zu schaffen und die Ursachen aus den Resultaten zu deduzieren, die Erzeugnisse dieser beiden Künstler aufmerksam zu vergleichen.

Herr Victor Hugo, dessen Adel und Majestät ich gewiß nicht verkleinern will, ist viel eher ein gewandter als ein erfinderischer Handwerker, viel eher ein korrekter als ein schöpferischer Arbeiter. Delacroix ist manchmal ungeschickt aber durch und durch schöpferisch. Herr Victor Hugo läßt in allen seinen Schilderungen, den lyrischen sowohl als den dramatischen, ein System von Abzirkelung und von einförmigen Kontrasten erkennen. Die Excentricität selbst nimmt bei ihm symmetrische Formen an. Er verfügt von Grund aus über alle Künste des Reimes, über alle Hilfsmittel der Antithese, über alle Trucs der Apposition und verwendet sie mit kühler Sicherheit. Er ist ein Dichter des Verfalls oder des Uebergangs, der sich seiner Werkzeuge mit einer wahrhaft bewundernswerten und seltenen Geschicklichkeit bedient. Herr Hugo war von Natur Akademiker bevor er geboren wurde, und wenn wir noch zur Zeit der Fabelwunder lebten, würde ich gern glauben, daß die grünen Löwen des Instituts ihm oft, wenn er vor dem grimmigen Sanktuarium vorbeiging, mit prophetischer Stimme zugeraunt haben: »Du wirst der Akademie angehören!«

Für Delacroix stellt sich die Gerechtigkeit langsamer ein. Seine Werke sind, im Gegensatz zu jenem, Dichtungen, große, naiv konzipierte[1]) und mit der gewohnten Unbekümmertheit des Genies ausgeführte Dichtungen. In den Werken des ersteren gibt es nichts zu erraten, denn das Vergnügen, seine Gewandtheit zu zeigen, ist für ihn so groß, daß er keinen Grashalm, keinen Laternenreflex vergißt. Der zweite eröffnet in seinen Werken selbt der weitschweifendsten Phantasie noch tiefe Einblicke. Der erstere erfreut sich einer gewissen Ruhe, richtiger ausgedrückt eines gewissen Zuschaueregoismus, der über alle seine Dichtungen eine Art Kälte und Zurückhaltung legt, etwas was dem andern die zähe und gallige Leidenschaft, im Kampfe mit den Geduldsproben des Handwerks, nicht immer zu wahren erlaubt. Der eine beginnt mit dem Detail, der andere mit dem innersten Erfassen des Vorwurfs. So kommt es, daß der eine nur das Äußere erfaßt, während der andere das Allerinnerste herausreißt. Herr Victor Hugo, allzu stofflich und allzusehr

[1]) Unter der Naivität des Genies ist die Beherrschung des Handwerks in Verbindung mit dem gnôti séautòn zu verstehen, wobei jedoch das handwerkliche Können die Hauptrolle bescheiden dem Temperament überläßt. B.

auf die Äußerlichkeiten der Natur bedacht, wurde zum Maler in der Dichtkunst. Delacroix, in steter hoher Achtung vor seinem Ideal, ist oft, ohne daß er es weiß, ein Dichter in der Malerei.

Was nun das zweite Vorurteil, das Vorurteil des Zufalls anlangt, so ist dieses nicht gewichtiger als das erste. Es gibt nichts unverschämteres und dümmeres als bei einem großen, einem gebildeten und denkenden Künstler wie Delacroix, von dem zu reden, was er dem Gott des Zufalls verdanken könnte. Darüber kann man nur einfach mitleidig die Achseln zucken. Es gibt keinen Zufall in der Kunst, so wenig wie in der Mechanik. Ein glücklicher Fund ist lediglich die Folge einer guten Überlegung, bei der man manchmal die Zwischendeduktionen übersprungen hat, gerade so wie ein Fehler die Folge eines unrichtigen Prinzips ist. Ein Bild ist eine Maschine, an der alle Einrichtungen für ein geübtes Auge verständlich sind; wo alles seine Existenzberechtigung hat, wenn das Bild gut ist; wo stets ein Ton dazu da ist, einen andern zur Geltung zu bringen; wo eine gelegentliche Verzeichnung zuweilen notwendig ist, um nicht etwas Wichtigeres opfern zu müssen.

Die Mithilfe des Zufalls bei der künstlerischen Arbeit Delacroix' ist um so unwahrscheinlicher, als er einer von den seltenen Menschen ist, die noch original bleiben, nachdem sie aus allen wahren Quellen geschöpft, und deren nicht zu bändigende Individualität nacheinander das Joch aller großen Meister getragen und abgeschüttelt hat. Gar mancher wäre wohl recht erstaunt, wenn er eine Studie von ihm nach Raffael, ein mit großer Geduld und Mühe geschaffenes Meisterwerk genauer Nachbildung sähe, und wenige erinnern sich heute der Lithographien nach Medaillen und geschnittenen Steinen, die er gemacht hat.

Hier einige Zeilen von Herrn Heinrich Heine,[1]) welche die Methode Delacroix' recht gut erläutern, eine Methode, die wie bei allen kraftvoll veranlagten Menschen das Resultat seines Temperamentes ist: »In der Kunst bin ich Supernaturalist. Ich

---

[1]) Das Zitat stammt aus Heines »Kunstberichten aus Paris« und zwar aus dem Bericht über die Gemäldeausstellung von 1831. Es ist hier nach dem deutschen Text wiedergegeben.

glaube, daß der Künstler nicht alle seine Typen in der Natur auffinden kann, sondern daß ihm die bedeutendsten Typen, als eingeborene Symbolik eingeborener Ideen, gleichsam in der Seele geoffenbart werden. Ein neuerer Ästhetiker, welcher »Italienische Forschungen« geschrieben, hat das alte Prinzip von der Nachahmung der Natur wieder mundgerecht zu machen gesucht, indem er behauptete: der bildende Künstler müsse alle seine Typen in der Natur finden. Dieser Ästhetiker hat, indem er solchen obersten Grundsatz für die bildenden Künste aufstellte an eine der ursprünglichsten dieser Künste gar nicht gedacht, nämlich an die Architektur, deren Typen man jetzt in Waldlauben und Felsengrotten nachträglich hineingefabelt, die man aber gewiß nicht zuerst gefunden hat. Sie lagen nicht in der äußern Natur, sondern in der menschlichen Seele.«

Delacroix geht also von dem Grundsatz aus, daß ein Bild vor allem den eigentlichen innersten Gedanken des Künstlers, der über den Vorwurf herrscht wie der Schöpfer über die Schöpfung, wiedergeben soll. Aus diesem Grundsatz folgt ein zweiter, der dem ersten zunächst scheinbar widerspricht, nämlich der, daß man auf die materiellen Mittel der Ausführung große Sorgfalt verwenden müsse. Er legt ein fanatisches Gewicht auf die Sauberkeit des Handwerkzeugs und auf die Vorbereitung der einzelnen Teile des Werkes. In der Tat ist es in der Malerei als einer Kunst, welche tiefe Überlegung und gleichzeitiges Vorhandensein einer Menge von Fähigkeiten verlangt, wichtig, daß die Hand, wenn sie sich ans Werk macht möglichst wenig Hindernisse finde und mit diensteifriger Raschheit die göttlichen Befehle des Gehirns ausführe. Andernfalls verflüchtigt sich das Ideal.

So langsam, so ernst, so gewissenhaft bei dem großen Künstler die Konzeption ist, so rasch ist die Ausführung. Es ist das übrigens eine Eigenschaft, die er mit dem Manne, den die öffentliche Meinung zu seinem Antipoden gestempelt hat, teilt, nämlich mit Herrn Ingres. Austragen und Gebären ist zweierlei, und diese Grandseigneurs der Malerei entwickeln bei ihrer scheinbaren Trägheit eine wunderbare Gewandtheit, wenn es sich darum handelt, eine Leinwand zu bedecken. Der »Heilige

Symphorion« wurde mehrere Male ganz neu gemalt, und am Anfang enthielt er viel weniger Figuren.

Für E. Delacroix ist die Natur ein großes Wörterbuch, dessen Blätter er mit sicherem und in die Tiefe gehendem Blick wendet und zu Rate zieht, und seine Malerei, die hauptsächlich aus der Erinnerung schöpft, spricht hauptsächlich zur Erinnerung. Die Wirkung, die sie auf die Seele des Beschauers ausübt, entspricht genau den Mitteln die der Künstler anwendet. Ein Bild von Delacroix, »Dante und Virgil« z. B., hinterläßt immer einen tiefen Eindruck, dessen Intensität mit der Entfernung wächst. Indem er stets das Detail der Gesamtwirkung opfert und es vermeidet, die Ausdruckskraft seines Gedankens durch die Mühseligkeit einer genaueren und kalligraphischeren Ausführung abzuschwächen, erfreut er sich voll und ganz einer unfaßbaren Originalität, die die Intimität des Vorwurfs ausmacht.

Die Anwendung eines dominierenden Prinzips ist naturgemäß nur zum Nachteil des Übrigen möglich. Ein ungewöhnlicher künstlerischer Sinn macht Opfer notwendig, und Meisterwerke sind immer nur verschiedenartige Auszüge aus der Natur. Darum muß man die Konsequenzen einer großen Leidenschaft, welcher Art sie auch sein möge, auf sich nehmen, muß man die unvermeidliche Einseitigkeit eines Talentes hinnehmen, und darf man mit dem Genie nicht rechten. Daran haben die Leute, welche die Zeichnung Delacroix' so verspottet haben, nicht gedacht, speziell die Bildhauer, Leute die parteiischer und kurzsichtiger sind als erlaubt ist, und deren Urteil höchstens halb so viel wert ist als das eines Architekten. Die Bildhauerei, der die Farbe verschlossen und für die die Bewegung schwierig ist, darf sich mit einem Künstler, den vor allem die Bewegung, die Farbe und die Atmosphäre beschäftigen, nicht streiten. Diese drei Dinge verlangen notwendigerweise einen etwas unscharfen Kontur, leichte, fließende Linien und einen kühnen Farbauftrag. Delacroix ist heute der einzige, dessen Originalität vom System der geraden Linien nicht angesteckt ist. Seine Gestalten sind immer bewegt, und sein Faltenwurf ist stets lebhaft geschwungen. Vom Standpunkt Delacroix' aus existiert die Linie gar nicht. Denn so fein sie auch sein mag, ein kniffiicher Mathematiker kann immer noch vorbringen, sie sei breit genug, um tausend andere zu fassen. Und für die Koloristen, welche die ewig wogende Bewegung der Natur nachbilden wollen, sind Linien stets nur — wie im Regenbogen — die innige Verschmelzung zweier Farben.

Übrigens gibt es mehrere Arten von Zeichnung wie auch mehrere Arten von Farbe: genaue oder — anders gesagt — einfältige, physiognomische und phantasiemäßige.

Die erste Art ist negativ, ist gerade wegen ihres Realismus inkorrekt, ist natürlich aber abgeschmackt; die zweite ist zwar naturalistisch aber doch idealisiert, die Zeichnung eines Genies, das sich darauf versteht, die Natur auszuwählen, zu komponieren, zu korrigieren, zu enträtseln und feinschmeckerisch zu genießen; die dritte, welche die edelste und merkwürdigste ist, darf die Natur vernachlässigen. Sie gibt dafür eine andere, die dem Geist und dem Temperament des Schöpfers entspricht.

Die physiognomische Zeichnung eignet im allgemeinen den Leidenschaftlichen, wie Herr Ingres einer ist. Die schöpferische Zeichnung ist das Vorrecht des Genies.[1])

Der große Vorzug der Zeichnung der höchsten Künstler ist die Wahrheit der Bewegung, und dieses natürliche Gesetz verletzt Delacroix nie.

Gehen wir zur Prüfung von Eigenschaften noch allgemeinerer Art über.

Eines der hauptsächlichsten Merkmale eines großen Malers ist die Universalität. So versteht es der epische Dichter, Homer oder Dante, ebenso gut, ein Idyll wie eine Erzählung, ein Gespräch wie eine Beschreibung, eine Ode u. s. w. zu verfassen. Ebenso Rubens. Malt er Früchte, so malt er sie schöner als jeder Spezialist.

E. Delacroix ist universell. Er hat intime Genrebilder, er hat groß empfundene Historienbilder gemalt. Er allein vielleicht hat in unserem glaubenslosen Jahrhundert religiöse Bilder geschaffen, die weder leer noch kalt waren wie Wettbewerbsarbeiten, noch pedantisch, mystisch oder neochristlich wie die

[1]) Es ist das was Herr Thiers die Phantasie in der Zeichnung nannte. B.

aller jener Kunstphilosophen, die aus der Religion eine archaisierende Wissenschaft machen und vor allen Dingen das Beherrschen der Symbolik und der Urüberlieferungen für nötig halten, um die religiöse Saite schwingen und erklingen zu lassen.

Das ist leicht zu begreifen, wenn man bedenkt, daß Delacroix, wie alle großen Meister, eine wunderbare Mischung ist von Können, was einen vollkommenen Maler, und von Naivität, was einen vollkommenen Menschen bedeutet. Sehen Sie sich doch in Saint-Louis au Marais[1]) jene »Pietà« an, wo die hoheitsvolle Königin der Schmerzen den Körper ihres toten Kindes auf ihren Knieen hält, die beiden Arme in einem Ausbruch von Verzweiflung wagrecht ausgestreckt: die Nervenerschütterung einer Mutter. Die eine der beiden Personen, die den Schmerz der Mutter mitträgt und mildert, ist trostlos wie die bejammernswertesten Gestalten des »Hamlet«, eines Werkes, mit dem dieses in mehr als einem Punkte verwandt ist. Von den beiden heiligen Frauen schleppt sich die eine, noch angetan mit Juwelen und Abzeichen des Luxus, krampfhaft am Boden heran, die andere, blond und in Gold getaucht, sinkt unter dem ungeheuren Druck der Verzweiflung kraftlos hin.

Die Gruppe ist ganz auf einem Grund von dunklem, gleichförmigem Grün, der ebenso sehr Anhäufungen von Felsen als einem vom Sturm aufgewühlten Meer gleicht, aufgebaut und verteilt. Dieser Grund ist von unerhörter Einfachheit. E. Delacroix hat zweifellos, wie Michelangelo, das Beiwerk unterdrückt, um die Klarheit seiner Idee nicht zu beeinträchtigen. Dieses Meisterwerk hinterläßt im Geist eine tiefe Spur von Melancholie. — Es war das übrigens nicht das erste Mal, daß er ein religiöses Thema in Angriff nahm. Der »Christus auf dem Ölberg« und der »Heilige Sebastian« hatten schon Zeugnis abgelegt für den Ernst und die tiefe Wahrheit, mit der er solche Themen zu durchdringen weiß.

Um nun aber meine soeben aufgestellte Behauptung, nur Delacroix verstehe Religiöses zu gestalten, zu erklären, mache

---

[1]) Gemeint ist die 1844 geschaffene Pietà in der Kirche Saint-Denis du Saint-Sacrement, rue Saint-Louis, au Marais. (Abbildung 240 bei Moreau-Nélaton.)

ich den Beschauer darauf aufmerksam, daß, wenn auch seine interessantesten Bilder fast immer die mit selbstgewählten d. h. mit Phantasie-Motiven sind, doch der strenge Ernst seines Talentes unserer Religion vollkommen entspricht, einer tiefernsten Religion, einer Religion des allgemeinen Leidens, die gerade wegen ihrer Katholizität dem einzelnen Menschen volle Freiheit läßt und nichts inniger verlangt, als in der Sprache jedes einzelnen gefeiert zu werden — wenn er das Leiden kennt und Maler ist.

Ich erinnere mich, daß einer meiner Freunde, übrigens ein Bursche von Verdienst und heute ein geschätzter Kolorist — einer jener frühreifen, ihr Leben lang hoffnungerweckenden jungen Leute, und dabei viel akademischer als er selbst glaubt — diese Malerei Kannibalenmalerei nannte.

Sicherlich wird unser junger Freund weder in den Merkwürdigkeiten einer überladenen Palette noch im Buche der Regeln jene bittere und wilde Trostlosigkeit entdecken, die durch das düstere Grün der Hoffnung kaum aufgewogen wird!

Dieser furchtbare Hymnus auf das Leiden wirkte auf seine klassische Phantasie wie die schrecklichen Weine vom Anjou, von der Auvergne oder vom Rhein auf einen an den blaßvioletten Médoc gewöhnten Magen.

Also Universalität der Empfindung, und nun Universalität des Könnens!

Seit langem hatten die Maler das sogenannte Genre der Dekoration gleichsam verlernt. Der »Hémicycle« der Schönen Künste[1]) ist ein kindisches und ungeschicktes Werk, bei dem die Intentionen im Widerspruch zu einander stehen, und das aussieht wie eine Sammlung historischer Porträts. Der Homer-Plafond[2]) ist ein schönes Gemälde, das aber seinen dekorativen Zweck schlecht erfüllt. Die meisten Kapellendekorationen, die

[1]) Gemeint ist der Hémicycle von Paul Delaroche in der École des Beaux-Arts in Paris. Es stellt in fünfundsiebzig überlebensgroßen Figuren die berühmtesten Künstler aller Nationen bis zum Ende des 17. Jahrhunderts dar und entstand in den Jahren 1838—1841.

[2]) Gemeint ist die 1826—1827 im Louvre ausgeführte Apotheose Homers von Ingres.

in letzter Zeit ausgeführt und an die Schüler von Herrn Ingres verteilt wurden, sind im Stil der italienischen Primitiven gehalten, d. h. sie wollen die Einheit durch Unterdrückung der Lichtwirkungen und durch ein ausgedehntes System gedämpfter Farben erreichen. Dieses zweifellos vernünftigere System geht den Schwierigkeiten aus dem Wege. Unter Ludwig XIV., Ludwig XV. und Ludwig XVI. schufen die Maler Dekorationen von lauter, auffallender Wirkung, denen aber in Farbe und Komposition die Einheit fehlte.

E. Delacroix hatte Dekorationen zu malen, und er löste das große Problem. Er erreichte die Einheitlichkeit für die Betrachtung, ohne seinem Beruf als Kolorist zu schaden.

Wir haben die Deputiertenkammer als Zeugen für diese einzigartige Kraftleistung. Das Licht ergießt sich in ökonomischer Verteilung über alle Figuren, ohne das Auge tyrannisch zu beunruhigen.

Das kreisförmige Deckengemälde in der Bibliothek des Luxembourg ist ein noch erstaunlicheres Werk. In ihm hat der Maler nicht nur eine noch anmutigere und noch einheitlichere Wirkung erreicht, ohne das Geringste von den Qualitäten der Farbe und des Lichtes, die ja das Besondere aller seiner Bilder ausmachen, zu unterdrücken, sondern er hat sich dazu noch von einer ganz neuen Seite gezeigt: Delacroix als Landschafter!

Anstatt Apollo und die Musen, das ewige Dekorationsmotiv der Bibliotheken zu malen, hat Eugène Delacroix seiner unwiderstehlichen Vorliebe für Dante, dem in seinem Geiste vielleicht nur Shakespeare die Wage hält, nachgegeben und hat die Stelle gewählt, wo Dante und Virgil an einem geheimnisvollen Orte den hervorragendsten Dichtern des Altertums begegnen:[1])

Stets – wandernd, ob wir auch Gespräches pflagen,
Den dichten Wald wir unterdes durchdrangen,
(Den Wald, der dicht von Geistern: will ich sagen)

---

[1]) Aus dem vierten Gesange von Dantes »Hölle«. Die Stelle ist hier in der Übersetzung von Richard Zoozmann zitiert. Vergleiche E. Moreau-Nélaton: a. a. O. Abbildung 223.

Und waren weit vom Gipfel nicht gegangen,
Als ich ein Feuer hell, von Flammen sah,
Die durch die Nacht ein leuchtend Halbrund schwangen.

Ich war dem Ort noch nicht genügend nah,
Doch daß ein Wohnsitz nur für Ehrenwerte
Die Stätte sei, erkannt ich schon von da.

»O du, dem Kunst und Wissen Ruhm bescherte,
Sag an: warum solch Vorrecht die genießen,
Wo es die Schar der andern doch entbehrte?«

Und er: »Sich von der Menge auszuschließen,
Gewährte Gott, weil sie von ihrem Leben
Auf Erden hehren Nachruhm hinterließen.« —

Da hört ich eine Stimme sich erheben:
»Dem edeln Sänger laßt uns Ehr bezeigen,
Sein Schatten kehrt, der jüngst sich wegbegeben!«

Als diese Stimme drauf erstarb in Schweigen,
Vier hohe Schatten kamen da heran,
Den Mienen war ein edler Gleichmut eigen.

Der wackre Meister drauf zu mir begann:
»Der dort, die Hand bewehrt mit einem Schwerte,
Wie ein Monarch den dreien geht voran,

Homer ist's, der als Dichterfürst Geehrte;
Ihm folgt Horaz, der scharf gefeilt Satiren,
Ovid sodann, zuletzt Lucan, der werte.

Und weil uns alle gleiche Titel zieren,
Wie denn vorhin der eine mich benannt,
So ehren sie mich schicklich als den ihren.« —

Die schöne Schule einte so ein Band
Mit ihrem Meister vom erhabnen Sange,
Des Adlerflug die andern überwand.

Durch Zwiesprach kurz belehrt von unserm Gange,
Mich zu begrüßen, sie herab sich ließen —
Virgil sah lächelnd, wie man mich empfange!

Doch größern Vorzug sollt ich noch genießen:
Ich durfte mich als Sechster ohne Bangen
An den Senat der hohen Geister schließen! —

Ich werde E. Delacroix nicht den Tort antun, ihn übermäßig dafür zu loben, daß er die konkave Form seines Bildes so gut bewältigt und gerade Figuren auf ihr angebracht hat. Sein Talent steht über solchen Dingen. Ich halte mich vor allem an den Geist des Gemäldes. Es ist unmöglich, mit prosaischen Worten die ganze selige Ruhe die es atmet und die tiefe Harmonie die seine Atmosphäre durchflutet, auszudrücken. Man denkt an die blühendsten Stellen des »Télémaque« und alle Erinnerungen, die der Geist von den elysischen Erzählungen empfangen, werden wieder lebendig. Die Landschaft, obwohl nur ein Beiwerk, ist vom Gesichtspunkt, den ich soeben vertrat — die Universalität der großen Meister — eine sehr bedeutende Leistung. Diese kreisförmige Landschaft, die einen ungeheuren Raum umfaßt, ist mit der Wucht eines Historienmalers und mit der Zartheit und der Liebe eines Landschafters gemalt. Lorbeerbüsche, große Schattenpartien durchziehen sie harmonisch. Mildes und gleichmäßiges Sonnenlicht träumt breitflächig über dem Rasen. Blaue oder waldumsäumte Bergzüge bilden einen Horizont wie man ihn sich als Augenweide nur wünschen kann. Der Himmel selbst ist blau und hell, bei Delacroix etwas Auffallendes. Die dünnen und, wie ein Flor der zerreißt, da und dorthin sich hinziehenden Wolken sind von großer Leichtigkeit und das azurblaue, tiefe und strahlende Gewölbe verliert sich in fabelhafte Fernen. Bonningtons Aquarelle sind nicht so durchsichtig.

Dies Meisterwerk, das nach meiner Ansicht den besten Bildern Veroneses überlegen ist, verlangt, um ganz verstanden zu werden, eine große geistige Ruhe und ein sehr mildes Tageslicht. Leider wird das grelle Tageslicht, das durch das große Fenster der Fassade, sobald diese von den Tüchern und Gerüsten befreit ist, eindringen wird, dieses Bemühen erschweren.

Die diesjährigen Bilder von Delacroix sind: die »Entführung der Rebekka« (aus »Ivanhoe«), der »Abschied von Romeo und Julia«, »Gretchen in der Kirche« und ein »Löwe« in Aquarell.

Das Bewundernswerte bei der »Entführung der Rebekka«[1]) ist die vollkommene Harmonie der Töne, der intensiven, konzentrierten, zusammengefaßten und logisch angewandten Töne, aus denen eine packende Wirkung resultiert. Bei fast allen Malern, die keine Koloristen sind, findet man stets leere Partien, d. h. große Löcher, die durch Töne die gewissermaßen nicht Niveau halten hervorgerufen werden. Delacroix' Malerei ist wie die Natur, sie verabscheut alles Leere.

Romeo und Julia[2]) – auf dem Balkon –, im kühlen Morgenlicht, halten sich fromm mitten um den Leib geschlungen. Bei dieser heftigen Abschiedsumarmung wirft Julia, die Hände auf die Schultern ihres Geliebten legend, den Kopf zurück, wie um aufzuatmen oder in einer Anwandlung von Stolz und froher Leidenschaft. Diese ungewohnte Haltung — fast alle Maler lassen die Verliebten Mund auf Mund pressen — ist gleichwohl ungemein natürlich. Solch kräftige Bewegung des Nackens ist den Hunden und Katzen, die sich gern streicheln lassen, eigen. — Der bläuliche Dunst der Dämmerung hüllt die Szene und die romantische Landschaft, die sie ergänzt, ein.

Der allgemeine Erfolg, der diesem Bild beschieden ist und die Neugier, die es erregt, sind ein guter Beweis für das, was ich schon an anderer Stelle gesagt habe, nämlich das, daß Delacroix populär ist — was auch die Maler sagen mögen — und daß, wenn man nur das Publikum von seinen Werken nicht fern hält, er es in ebenso hohem Maße sein wird wie die schwächeren Maler.

»Gretchen in der Kirche«[3]) gehört zu jener an Zahl schon reichen Gattung liebenswürdiger Genrebilder, mit denen Delacroix dem Publikum seine so scharf kritisierten Lithographien scheint erklären zu wollen.

Der in Aquarell gemalte »Löwe«[4]) hat für mich neben der Schönheit der Zeichnung und der Bewegung einen großen Vorzug, den nämlich, daß er mit großer Ehrlichkeit gemalt ist. Dem

---

[1]) Vergleiche E. Moreau-Nélaton: a. a. O. Abbildung 263.

[2]) Vergleiche E. Moreau-Nélaton: a. a. O. Abbildung 264.

[3]) Vergleiche E. Moreau-Nélaton: a. a O. Abbildung 265.

[4]) Vergleiche E. Moreau-Nélaton: a. a. O. Abbildung 266.

Aquarell ist wieder seine bescheidene Rolle eingeräumt. Es will sich nicht so wichtig machen wie das Öl.

Zur Vervollständigung dieser Analyse muß ich noch eine letzte gute Eigenschaft Delacroix' nennen und zwar die hervorragendste von allen, die welche ihn zum wahren Maler des XIX. Jahrhunderts macht, nämlich jene eigentümliche, hartnäckige Melancholie, die von allen seinen Werken ausströmt und sowohl in der Wahl der Motive als im Ausdruck der Gestalten als in den Gesten und im koloristischen Stil zum Ausdruck kommt. Delacroix liebt Dante und Shakespeare, zwei andere große Maler des menschlichen Leidens. Er kennt sie von Grund aus und versteht es, sie frei zu übertragen. Vertieft man sich in die Reihe seiner Bilder, so glaubt man der Feier eines schmerzvollen Mysteriums beizuwohnen: »Dante und Virgil«, das »Massaker von Chios«, der »Sardanapal«, »Christus auf dem Ölberg«, der »Heilige Sebastian«, die »Medea«, die »Schiffbrüchigen« und der so verspottete und so wenig verstandene »Hamlet«. Auf mehreren findet man, aus irgend einem hartnäckigen Zufall, eine Gestalt, die trostloser, niedergedrückter ist als die andern, in der alles Leiden das sie umgibt zusammengefaßt erscheint; so die kniende Frau mit hängendem Haar im Vordergrund der »Kreuzfahrer in Konstantinopel«, ferner die so düstere und runzlige Alte im »Massaker von Chios«. Diese Melancholie lebt selbst in den »Frauen aus Algier«, seinem schmucksten und blumigsten Bild. Dies kleine Interieur-Gedicht, voll Ruhe und Stille, angefüllt mit reichen Stoffen und Toilettenbrimborien strömt doch irgendwie das starke Parfum eines üblen Ortes aus, das uns recht bald zu den unergründlichen Sphären der Trauer führt. Im allgemeinen malt er keine schönen Frauen, wenigstens nicht nach der Anschauung der großen Welt. Fast alle sind krank und leuchten in einer Art innerer Schönheit. Er drückt die Kraft nie durch die Dicke der Muskeln sondern durch die Anspannung der Nerven aus. Er versteht es nicht nur vortrefflich, das Leiden als solches auszudrücken, sondern vor allem — und es ist das ein fabelhaftes Geheimnis seiner Malerei — das moralische Leiden. Diese erhabene und ernste Melancholie leuchtet in düsterer

Pracht und zwar sogar in seiner Farbe, die breit, einfach und überaus reich an harmonischen Massen ist, wie die aller großen Koloristen, aber klagend und tief wie eine Melodie von Weber.

Von den alten Meistern hat jeder sein Reich, sein Erbteil, das er oft mit illustren Rivalen teilen muß. Raffael hat die Form, Rubens und Veronese die Farbe, Rubens und Michelangelo die Phantasie der Zeichnung. Ein Teil des Reiches blieb übrig, in den allein Rembrandt einige Streifzüge gemacht hat: — das Drama, das natürliche und lebendige Drama, das schreckliche und melancholische Drama, das oft durch die Farbe, immer aber durch die Geste ausgedrückt wird.

Was erhabene Gesten anlangt, so hat Delacroix darin Rivalen nur außerhalb seiner Kunst. Ich kenne da höchstens Frédérick Lemaître und Macready.[1])

Dank dieser ganz modernen und ganz neuen Eigenschaft ist Delacroix der letzte Ausdruck des Fortschritts in der Kunst. Erbe der großen Tradition, d. h. des Reichtums, des Adels und des Prunks in der Komposition und würdiger Nachfolger der alten Meister, übertrifft er sie dadurch, daß er außerdem Meister in der Wiedergabe des Leidens, in der Leidenschaft, in der Geste ist! Wahrlich gerade das macht die Bedeutung seiner Größe aus. In der Tat, nimmt man an, das Werk eines der berühmten alten Meister ginge verloren, so wird es fast stets einen ihm verwandten geben, der ihn erklären und dem Historiker eine Vorstellung von ihm vermitteln kann. Streicht man Delacroix, so ist die große geschichtliche Kette zerbrochen und rollt zu Boden.

Zu was in einem Artikel, der mehr den Charakter einer Prophezeiung als einer Kritik hat, Mängel im Einzelnen und mikroskopische Fehler hervorheben? Die Gesamtleistung ist so schön, daß mir der Mut dazu fehlt. Übrigens ist die Sache so einfach und so viele andere haben es schon besorgt! Ist es nicht ungewöhnlicher, die Leute von ihrer guten Seite zu sehen? Die Mängel des Herrn Delacroix liegen manchmal so klar zu Tage,

[1]) Frédérick Lemaître (1800—1876) war ein berühmter französischer, William Charles Macready (1793—1873) ein berühmter englischer Schauspieler.

daß sie dem Ungeübtesten ins Auge springen. Man kann aufs geratewohl das erste beste Blatt öffnen, in dem während langer Zeit im Gegensatz zu meiner Auffassung die glänzenden Fähigkeiten die seine Eigenart ausmachen hartnäckig übersehen wurden. Wie man weiß, irren große Genies nie halb. Auch haben sie das Vorrecht des Ungeheuren in jedem Sinne.

DIE WELTAUSSTELLUNG VON 1855.

Die Herren Eugène Delacroix und Ingres teilen sich in Gunst und Haß der Öffentlichkeit. Seit langem hat die öffentliche Meinung einen Kreis um sie gebildet wie um zwei Ringkämpfer. Wenn wir auch dieser banalen und kindischen Vorliebe für die Gegenüberstellung nicht beistimmen, so müssen wir doch mit der Untersuchung dieser beiden französischen Meister beginnen, da sich um und unter sie fast alle Persönlichkeiten, aus denen sich unsere Künstlerschaft zusammensetzt, gruppieren und verteilen.

Der erste Gedanke, der sich vor den fünfunddreißig Bildern von Herrn Delacroix[1]) des Beschauers bemächtigt, ist der, daß er es hier mit einem wohl ausgefüllten Leben, einer hartnäckigen, unentwegten Liebe zur Kunst zu tun habe. Welches Bild ist das beste? Man wüßte es nicht zu nennen. Welches das interessanteste? Man zaudert. Man glaubt, da und dort Zeichen des Fortschritts zu entdecken. Wenn aber auch gewisse neuere Bilder dafür zeugen, daß gewisse wesentliche Eigenschaften bis zu den letzten Konsequenzen entwickelt worden sind, so erkennt doch der unparteiische Geist beschämt, daß Herr Delacroix von seinen ersten Schöpfungen, von seiner Jugend an (»Dante und Virgil in der Unterwelt« stammt aus dem Jahre 1822) groß war. Er war manchmal delikater, manchmal eigenartiger, manchmal malerischer, aber immer war er groß.

Vor einem Schicksal, das so edel und glücklich ausgefüllt ist, einem Schicksal das die Natur gesegnet und das eine im höchsten Grade bewundernswerte Willenskraft an ein hohes Ziel hat gelangen lassen, fühle ich in meinem Geist unablässig jene Verse des großen Dichters erklingen:[2])

---

[1]) An der ersten Pariser Weltausstellung wurde Delacroix und Ingres eine Sonderschau eingeräumt. Ingres stellte vierzig Werke aus. — In dem dem hier übersetzten vorangehenden Kapitel beschäftigt sich Baudelaire mit Ingres.

[2]) Die Verse sind hier so genau als möglich in Prosa wiedergegeben.

Es werden unter der Sonne edle Wesen geboren,
Die hier unten alles vereinigen was man nur erträumen kann,
Eiserne Körper, Flammenherzen, wunderbare Naturen!

Gott scheint sie zu schaffen, um sich zu bezeugen;
Er nimmt, um sie zu bilden, zarteren Ton
Und oft vergeht mehr als ein Jahrhundert bis zu ihrer
Vollendung.

Er setzt, wie ein Bildhauer, den Abdruck seines Daumens
Auf ihre von der Herrlichkeit des Himmels leuchtenden
Stirnen,
Und die feurige Aureole mit den goldenen Strahlen wächst
heraus.

Diese Menschen gehen dahin, gelassen und strahlend,
Ohne nur einen Augenblick ihre feierliche Haltung aufzugeben,
Mit unbeweglichem Blick und dem Anstand der Götter.

. . . .

Gebt ihnen nur einen Tag, oder gebt ihnen hundert Jahre,
Den Sturm oder die Ruhe, die Palette oder das Schwert:
Sie werden ihre hochfliegenden Pläne ans Ziel führen.

Ihr seltsames Dasein ist die Wirklichkeit des Traumes!
Sie werden den euch vorschwebenden Plan ausführen,
Wie ein gelehrter Meister den Entwurf eines Schülers.

Eure unbekannten Wünsche eilen unter dem Triumphbogen,
Dessen Wölbung euer Geist im Traum erweitert hat
Dahin, hinten auf dem Rücken ihres Pferdes sitzend.

. . . .

Von diesen Menschen zählt jedes Volk fünf oder sechs,
Fünf oder sechs allerhöchstens, in glücklichen Jahrhunderten,
Vorbilder, die immer lebendig sind und in der Erzählung
fortleben.

Théophile Gautier nennt das eine »Compensation«. Hat Herr Delacroix nicht die Lücken eines Jahrhunderts ganz allein auszufüllen vermocht?

Niemals ist ein Künstler so wie er angegriffen, lächerlich gemacht und gehemmt worden. Doch was bedeuten uns die Unschlüssigkeit der Regierung (ich spreche von früheren Zeiten), das Geschrei einiger spießbürgerlicher Salons, die gehässigen Redereien einiger Bierbankakademien und die Pedanterie der Dominospieler? Der Beweis ist geleistet und die Streitfrage auf immer erledigt; das Resultat steht sichtbar, ungeheuer, flammend vor unsern Augen.

Herr Delacroix hat jedes Genre behandelt. Seine Phantasie und sein Können haben sich auf allen Gebieten des Malerischen betätigt. Er hat — mit wie viel Liebe und mit wie viel Delikatesse! — reizende kleine Bilder, voll Intimität und Tiefe, gemalt; er hat die Wände unserer Paläste »illustriert«, er hat unsere Museen mit großen Kompositionen angefüllt.

Dieses Jahr hat er, was nur recht und billig war, die Gelegenheit benützt, um einen ziemlich beträchtlichen Teil seines Lebenswerkes zu zeigen und uns gleichsam die Aktenstücke revidieren zu lassen. Die Kollektion ist mit viel Takt ausgewählt worden, derart, daß sie uns schlagende und verschiedenartige Proben seines Geistes und seines Talentes unterbreitet.

Da ist »Dante und Virgil«, dies Bild eines jungen Mannes, das eine Revolution bedeutete, und auf dem man lange Zeit eine Figur fälschlicherweise Géricault zugeschrieben hat (den Rumpf des hingestreckten Mannes). Unter den großen Bildern kann man schwanken zwischen der »Gerechtigkeit Trajans« und der »Einnahme Konstantinopels durch die Kreuzfahrer«. Die »Gerechtigkeit Trajans«[1]) ist ein so fabelhaft leuchtendes, luftiges und von Tumult und Pomp erfülltes Bild! Der Kaiser ist so schön, die Menge, die sich um die Säulen drängt oder mit dem Zug zirkuliert, so ungestüm, die trostlose Witwe so dramatisch! Das Bild ist dasjenige, welches seiner Zeit durch die kleinlichen Witze des Herrn Karr[2]) — des Mannes mit dem verkehrt-gesunden Verstand — über das rosafarbene Pferd »illustriert« wurde. Als ob es nicht leicht rosafarbene Pferde

---

[1]) Vergleiche E. Moreau-Nélaton: a. a. O. Abbildung 184.

[2]) Der Schriftsteller und Journalist Alphonse Karr (1808—1890).

gäbe, und als ob nicht der Maler auf alle Fälle das Recht hätte, solche zu schaffen.

Das Bild »Die Kreuzfahrer«[1]) dagegen ist — ich sehe vom Vorwurf hier ab — wegen seiner stürmischen und düsteren Harmonie so tief eindrücklich! Was für ein Himmel und was für ein Meer! Alles ist da tumultuarisch und ruhig, wie die Nachwirkung eines großen Ereignisses. Die Stadt, die sich hinter den Kreuzfahrern, die sie eben durchzogen haben, aufbaut, zieht sich mit fabelhafter Wahrheit in die Tiefe hin. Und überall diese schillernden, flatternden Fahnen, die ihre leuchtenden Wimpel in der durchsichtigen Atmosphäre sich entfalten und klatschen lassen! Überall die bewegte, unruhige Menge, der Waffenlärm, der Prunk der Gewänder, die emphatische Wahrheit der Gesten in den großen Ereignissen des Lebens! Die beiden Bilder sind von einer in hohem Grade shakespearischen Schönheit. Denn niemand seit Shakespeare versteht es so ausgezeichnet wie Delacroix, Drama und Träumerei zu einer geheimnisvollen Einheit zu verschmelzen.

Das Publikum findet alle jene Gemälde stürmischen Angedenkens wieder, die Aufstände, Kämpfe und Triumphe bedeuteten: den »Dogen Marino Faliero« (Salon von 1827: es ist merkwürdig, festzustellen, daß der »Justinian seine Gesetze ausarbeitend« und der »Christus im Garten Gethsemane« aus dem gleichen Jahr stammen), den »Bischof von Liège«, diese wunderbare Wiedergabe Walter Scotts, angefüllt mit Gedränge, Bewegung und Licht, das »Massaker von Skios«, den »Gefangenen von Chillon«, den »Tasso im Gefängnis«, die »Jüdische Hochzeit«, die »Verzückten von Tanger« u. s. w., u. s. w. Doch wie soll man jene Reihe reizender Bilder näher bezeichnen, wie z. B. den »Hamlet«[2]) in der Szene mit dem Totenschädel und den »Abschied Romeos und Julias«, Bilder, die so tief eindrücklich und fesselnd sind, daß das Auge, das den Blick in ihre beiden kleinen melancholischen Welten versenkt hat, sie nicht mehr zu fliehen und der Geist sie nicht mehr zu meiden vermag?

---

[1]) Vergleiche E. Moreau-Nélaton: a. a. O. Abbildung 193.
[2]) Vergleiche E. Moreau-Nélaton: a. a. O. Abbildung 176.

Und das Gemälde von dem wir uns getrennt quält uns und verfolgt uns.

Es ist nicht der Hamlet wie ihn uns Rouvière[1]) erst neuerdings noch und so glanzvoll gezeigt hat: verbittert, unglücklich und heftig, unruhig bis zum Ungestüm. Es entspricht das ganz der romantischen Bizarrerie des großen Tragöden. Delacroix hingegen, darin vielleicht wahrheitsgetreuer, zeigt uns einen ganz zarten und blassen Hamlet, einen Hamlet mit weißen, weiblichen Händen, eine auserlesene, aber weiche und etwas unentschiedene Natur mit fast ausdruckslosen Augen.

Da ist der rückwärts geneigte Kopf der »Magdalena«, mit dem bizarren und mysteriösen Lächeln, und so übernatürlich schön, daß man nicht weiß, ob er vom Tod mit einer Aureole geschmückt oder von den Verzückungen himmlischer Liebe verschönt ist.

Inbezug auf den »Abschied Romeos und Julias« habe ich eine Bemerkung zu machen, die ich für sehr wesentlich halte. Ich habe so oft über die Häßlichkeit der Frauen Delacroix' scherzen hören, ohne diese Art von Scherz zu verstehen, daß ich die Gelegenheit ergreife, um gegen dieses Vorurteil zu protestieren. Herr Victor Hugo teilte es, soviel man mir sagte. Er beklagte es — es war das in den schönen Zeiten der Romantik — daß derjenige, den die öffentliche Meinung zu eben solcher Berühmtheit erhob wie ihn, inbezug auf die Schönheit so ungeheuerliche Irrtümer beging. Es ist vorgekommen, daß er die Frauen Delacroix' Frösche nannte. Aber Herr Victor Hugo ist ein großer skulpturaler Dichter, dessen Auge die Vergeistigung verschlossen ist.

Es ist ärgerlich, daß der »Sardanapal« dieses Jahr nicht wieder erschienen ist. Man hätte da sehr schöne, helle, strahlende, rosige Frauen gesehen, soviel ich mich wenigstens erinnere. Sardanapal selbst war schön wie ein Weib. Allgemein gesprochen lassen sich die Frauen von Delacroix in zwei Klassen scheiden: die einen, leicht zu verstehen, oft mythologischen Charakters, sind notwendigerweise schön (die liegende, vom Rücken ge-

[1]) Philibert Rouvière (1809—1865) war zuerst Maler, Schüler von Gros. Später widmete er sich fast ausschließlich der Bühne.

sehene Nymphe am Plafond der Apollogalerie). Sie sind reich, sehr stark, üppig, von großer Fülle und besitzen ein wundervoll durchsichtiges Karnat und wunderbares Haar.

Die andern sind manchmal Frauen der Geschichte (»Kleopatra« die Natter betrachtend), öfters aber Frauen der Laune, Genrebilder, bald Gretchen, bald Ophelien, Desdemonen, selbst Madonnen, Magdalenen: ich möchte sie am liebsten die intimen Frauen nennen. Man möchte glauben, daß sie in ihren Augen ein schmerzvolles Geheimnis bergen, das unmöglich in den Tiefen der Verstellung versteckt werden kann. Ihre Blässe ist wie eine Offenbarung innerer Kämpfe. Ob sie sich nun durch den Zauber der Sünde oder durch den Geruch der Heiligkeit auszeichnen, ob ihre Gesten schlaff oder ungestüm sind, immer haben diese am Herzen oder am Geist kranken Frauen in ihren Augen das Bleierne des Fiebers oder das anormale und bizarre Weiß ihres Leidens, im Blick die Intensität des Übernatürlichen.

Aber stets und trotz allem sind es distinguierte Frauen und zwar in hohem Maße distinguierte. Überhaupt, um alles mit einem Wort auszudrücken, scheint mir Herr Delacroix der am meisten befähigte Künstler zu sein, um der modernen Frau Ausdruck zu geben, besonders der modernen Frau in ihrer heroischen Gestalt, im teuflischen oder göttlichen Sinn. Selbst die moderne physische Schönheit besitzen diese Frauen, ein träumerisches Aussehen, dabei einen üppigen Busen, eine etwas schmale Brust, breite Hüften und reizende Arme und Beine.

Neue und dem Publikum unbekannte Bilder sind die »Beiden Foscari«, die »Arabische Familie«, die »Löwenjagd«, und ein »Kopf einer alten Frau« (ein Porträt von Herrn Delacroix ist etwas seltenes). Diese verschiedenen Gemälde sind geeignet, die fabelhafte Sicherheit, zu welcher der Meister gelangt ist, festzustellen. Die »Löwenjagd« ist eine wahre Farbenexplosion (man nehme das Wort im guten Sinne). Niemals sind schönere, intensivere Farben auf dem Wege durch das Auge bis in die Seele gedrungen.[1])

[1]) Das Bild wurde leider durch eine Feuersbrunst zu Dreivierteln zerstört, doch ist eine wenig später entstandene kleinere Fassung erhalten. (Bei Moreau-Nélaton Abbildung 360.)

Der erste rasche Blick, den man auf die Gesamtheit der Bilder wirft und ihre minutiöse und aufmerksame Prüfung lassen verschiedene unwiederlegliche Wahrheiten feststellen. Zunächst ist zu bemerken — und es ist das sehr wichtig — daß ein Bild von Delacroix schon dann, wenn man es auf eine Distanz sieht, die zu groß ist, um den Vorwurf zu analysieren oder auch nur zu verstehen, einen reichen, beglückenden oder melancholischen Eindruck auf die Seele ausübt. Man könnte glauben, daß diese Malerei, wie die Zauberkünstler und Magnetiseure, ihren Gedanken auf Entfernung wirken lasse. Diese eigenartige Erscheinung rührt von der Kraft des Koloristen, vom vollkommenen Zusammenklang der Töne und von der Harmonie zwischen Farbe und Vorwurf (die im Gehirn des Malers zum voraus festgelegt ist) her. Es ist — man verzeihe mir diese weithergeholte Redewendung, um sehr delikate Ideen auszudrücken — als ob die Farbe aus sich selbst und unabhängig von den Dingen die sie schmückt denke. Ferner läßt einen der wunderbare Zusammenklang seiner Farbe oft von Harmonie und Melodie träumen, und der Eindruck, den man von seinen Bildern mitnimmt, ist oft gleichsam musikalisch. Ein Dichter[1]) hat versucht, diese subtilen Eindrücke in Versen wiederzugeben, deren Aufrichtigkeit die Bizarrerie erträglich machen dürfte:

Delacroix, See von Blut, bevölkert von bösen Engeln,
Beschattet von einem immergrünen Tannenwäldchen,
Wo, unter einem trüben Himmel, seltsame Fanfaren
Vorbeiziehn wie ein halb erstickter Seufzer von Weber.

See von Blut: das Rot. — Bevölkert von bösen Engeln: das Übernatürliche. — Ein immergrünes Tannenwäldchen: das Grün, die Komplementärfarbe zum Rot. — Ein trüber Himmel: die stürmischen und gewittrigen Gründe seiner Bilder. — Die Fanfaren und Weber: Ideen romantischer Musik, die durch seine Farbenharmonien geweckt werden.

---

[1]) Baudelaire selbst in »Les Phares« der »Fleurs du Mal«. Die Verse sind hier so genau als möglich in Prosa wiedergegeben.

Was soll man von der so absurd und albern kritisierten Zeichnung Delacroix' anderes sagen als das, daß es vollkommen verkannte Elementarwahrheiten gibt; daß eine gute Zeichnung keine harte, unerbittliche, despotische, starre Linie ist, welche die Figur wie eine Zwangsjacke einschnürt; daß die Zeichnung lebendig und bewegt sein muß wie die Natur; daß die Vereinfachung in der Zeichnung eine Ungeheuerlichkeit ist, wie die Tragödie auf dem Gebiete des Dramas; daß die Natur uns eine unendliche Reihe gekrümmter, verjüngter, gebrochener Linien darbietet, wobei sie einem unfehlbaren Schöpfungsgesetz folgt, gemäß dem parallele Linien immer unbestimmt und voll Krümmungen sind und konkav und konvex sich gegenseitig entsprechen und sich fortsetzen; daß Herr Delacroix allen diesen Bedingungen wunderbar genügt und daß, wenn auch seine Zeichnung manchmal Schwächen oder Übertreibungen zum Vorschein bringen sollte, sie zum mindesten doch das ungeheure Verdienst hat, ein beständiger und wirksamer Protest gegen die barbarische Invasion der geraden Linie zu sein, gegen jene unheilvolle und systematische Linie, deren Verheerungen schon heute in der Malerei und in der Bildhauerei ungeheuer sind?

Eine weitere, sehr große und sehr bedeutende Eigenschaft des Talentes des Herrn Delacroix, die ihn zum Lieblingsmaler der Dichter macht, ist die, daß er in hohem Grade literarisch ist. Seine Malerei hat nicht nur mit stetem Erfolg das Feld der großen Literaturen durchstreift, sie hat nicht nur Ariost, Byron, Dante, Walter Scott, Shakespeare wiedergegeben und immer wieder aufgesucht, sondern sie versteht es auch, Ideen höherer Ordnung, feinere und tiefere Ideen als die Mehrzahl der modernen Gemälde zu offenbaren. Und merken Sie wohl: Herr Delacroix erreicht dieses fabelhafte Resultat nie durch Verzerrung, durch Kleinlichkeit und durch Unehrlichkeit der Mittel, sondern durch die Gesamtwirkung, durch den tiefen und vollständigen Zusammenklang von Farbe, Vorwurf und Zeichnung und durch das dramatische Gebärdenspiel seiner Figuren.

Edgar Poe sagt irgendwo, daß die Endwirkung des Opiums auf die Sinne die ist, die ganze Natur mit einer übernatürlichen Spannung zu versehen, die jedem Ding einen tieferen, eigenwilligeren und willkürlicheren Sinn gibt. Doch ohne die Zuflucht zum Opium zu nehmen: wer hat nicht jene wunderbaren Stunden, wahre Feste für das Gehirn, gekannt, wo die angestrengteren Sinne stärker erregende Eindrücke empfangen, wo der Himmel, von durchsichtigerem Blau, sich wie eine noch unendlichere Unermeßlichkeit in die Tiefe zieht, wo die Töne musikalisch klingen, wo die Farben sprechen und die Düfte ganze Welten von Ideen erzählen? Nun: die Malerei Delacroix' erscheint mir als die Wiedergabe dieser schönen Stunden des Geistes. Sie ist mit Intensität ausgestattet und ihr Glanz räumt ihr eine bevorzugte Stellung ein. Wie die von überempfindlichen Nerven aufgenommene Natur offenbart sie das Übernatürliche.

Was wird Herr Delacroix für die Nachwelt bedeuten? Was wird diese Rächerin des Unrechts von ihm sagen? Es ist schon jetzt, an dem Punkt seiner Laufbahn, den er erreicht hat, leicht, das zu erhärten, ohne allzugroßen Widerspruch zu finden. Sie wird, wie wir, sagen, daß er eine einzigartige harmonische Vereinigung der erstaunlichsten Fähigkeiten war, daß er wie Rembrandt den Sinn für das Intime und für tiefe Magie, den Geist der Kombination und der Dekoration wie Rubens und Lebrun, eine feenhafte Farbe wie Veronese besaß u. s. w.; daß er aber auch eine Eigenschaft sui generis, eine undefinierbare und die melancholische und leidenschaftliche Seite des Jahrhunderts bezeichnende Eigenschaft besaß, etwas vollkommen Neues, etwas das aus ihm einen einzigartigen Künstler gemacht hat, einen Künstler ohne Erzeuger, ohne Vorgänger, wahrscheinlich auch ohne Nachfolger, ein Glied, das so wertvoll ist, daß es keinen Ersatz dafür gibt, und daß man, falls man es vernichtete — wenn etwas derartiges überhaupt möglich wäre — eine Welt von Ideen und Eindrücken vernichten und eine allzugroße Lücke in die geschichtliche Kette reißen würde.

DER SALON VON 1859.

Die Phantasie von Delacroix![1]) Die ist nie davor zurückgeschreckt, die steilen Höhen der Religion zu erklimmen. Der Himmel gehört ihr wie die Hölle, wie der Krieg, wie der Olymp, wie die Wollust. Hier haben wir ganz den Typus des Maler-Dichters! Er ist so recht einer von den seltenen Auserwählten, und sein weitumfassender Geist schließt die Religion in seinen Bereich ein. Seine Phantasie, inbrünstig wie eine inbrünstige Trauerfeier, strahlt in allen Flammen und in allem Purpur. Alles Leiden, das die »Passion« in sich vereint, packt ihn leidenschaftlich. Aller Glanz, den die Kirche kennt, entzündet ihn. Er gießt über seine inspirierten Gemälde abwechselnd Blut, Licht und Finsternis aus. Ich glaube, er würde am liebsten seine ihm angeborene Pracht zu den Herrlichkeiten des Evangeliums noch hinzutun. Ich habe eine kleine »Verkündigung« von Delacroix gesehen, bei welcher der die Maria besuchende Engel nicht allein war, sondern von zwei andern Engeln feierlich geleitet wurde. Die Wirkung dieser himmlischen Aufwartung war mächtig und bezaubernd. Eines seiner Jugendwerke, »Christus auf dem Oelberg« (»Vater, nimm diesen Kelch von mir«, in Saint-Paul, Rue Saint-Antoine[2]) strömt über von weiblicher Zartheit und poetischer Inbrunst. Das Leiden und der Pomp, die beide in der Religion einen so wichtigen Platz einnehmen, wecken in seinem Geist stets ein Echo.

Nun wohl, mein lieber Freund[3]), dieser außergewöhnliche Mensch, der mit Scott, Byron, Goethe, Shakespeare, Ariost, Tasso, Dante und dem Evangelium gerungen, der die Geschichte mit den Strahlen seiner Palette erleuchtet und mit seiner Phantasie unsere geblendeten Augen überflutet hat, dieser Mensch,

[1]) Der Abschnitt über Delacroix findet sich in dem Kapitel »Religion, Geschichte, Phantasie«. Bevor Baudelaire auf Delacroix zu sprechen kommt äußert er sich über religiöse Malerei und religiöse Maler.

[2]) Das Bild, das 1826 vollendet wurde, hängt in einer Seitenkapelle der Kirche (Vgl. Abb. 51 bei E. Moreau-Nélaton).

[3]) Der Direktor der »Revue Française«, in der die Salonbesprechung Baudelaires in einer Art Briefform erschien.

der, obwohl in der Zahl seiner Tage vorgerückt, doch mit dauernder Jugend begabt ist, der seit seinen Jünglingsjahren alle seine Zeit der Übung der Hand, des Gedächtnisses und der Augen gewidmet hat, zu dem Zwecke, seiner Gestaltungskraft sicherere Waffen zu bereiten, dieses Genie hat neulich in einem jungen »Lokalreporter«, dessen priesterliches Amt sich bis dahin darauf beschränkt hatte, über die Robe der Madame Soundso auf dem letzten Rathausball zu berichten, einen Lehrer gefunden, der ihn die Kunst lehren will. O, diese »rosafarbigen« Pferde! O, diese »lilafarbenen« Bauern! O, dieser »rote« Rauch! (Welche Kühnheit, ein roter Rauch!): all das ist auf eine »grüne« Art behandelt worden. Das Werk Delacroix' wurde zu Staub zermalmt und in alle vier Himmelsrichtungen gestreut. Diese Art von Artikeln, die übrigens mit der Sprache aller Bourgeois-Salons übereinstimmt, beginnt unabänderlich mit den Worten: »Ich muß zwar sagen, daß ich mir nicht einbilde, ein Kenner zu sein; die Geheimnisse der Malerei sind mir ein Buch mit sieben Siegeln, *ich kann aber denn doch nicht umhin*, usw. . . . . .« (wenn es sich so verhält, warum wird denn überhaupt darüber gesprochen?) und endet gewöhnlich mit einer scharfen und bissigen Phrase, die gleichbedeutend ist mit einem neidischen Blick auf jene Glücklichen, welche das Unbegreifliche begreifen.

Was liegt, so antworten Sie mir, was liegt an der Dummheit, wenn das Genie triumphiert? Doch es ist nicht überflüssig, mein Lieber, die Stärke des Widerstandes, auf den das Genie stößt, zu ermessen, und die ganze Bedeutung dieses jungen Lokalreporters beschränkt sich darauf — es ist das aber gerade genug — den Durchschnittsgeist der Bourgeoisie zu verkörpern. Bedenken Sie doch, daß diese Komödie gegen Delacroix schon seit 1822 spielt, und daß sich seit jener Epoche unser Maler immer pünktlich eingestellt und uns an jeder Ausstellung mehrere Bilder geschenkt hat, unter denen sich zum mindesten *ein* Meisterwerk befand. Unermüdlich zeigte er, um mich des höflichen und nachsichtigen Ausdrucks von Herrn Thiers zu bedienen, »jenen Elan der Meisterschaft, welcher die *durch das allzubescheidene Verdienst* alles Übrigen ein wenig enttäuschten Hoffnungen wieder aufleben läßt«. Und weiter unten fügte er bei: »Irgendwie fühle ich mich beim Anblick des Gemäldes (»Dante und Virgil«) an die großen Künstler erinnert. Ich finde in ihm jene wilde, feurige, aber natürliche Kraft wieder, die mühelos ihrem eigenen Elan folgt..... Ich glaube nicht mich zu täuschen: Herrn Delacroix ist Genie zuteil geworden; möge er zuversichtlich vorwärtsschreiten, möge er sich der gewaltigen Arbeit, welche die unerläßliche Voraussetzung des Talentes ist, widmen ......«

Ich weiß nicht, wie oft Herr Thiers in seinem Leben Prophet gewesen ist, sicherlich aber war er es an jenem Tage. Delacroix hat sich der gewaltigen Arbeit gewidmet und hat jenes Urteil nicht zu schanden gemacht. In anbetracht dieses erhabenen, unerschöpflichen Gemäldeergusses dürfte es leicht sein, sich ein Bild von dem Manne zu machen, den ich eines Abends sagen hörte: »Wie Alle meines Alters habe ich manche Leidenschaften gekannt; doch nur in der Arbeit habe ich mich vollkommen glücklich gefühlt«. Pascal sagt, Toga, Purpur und Helmbusch seien sehr glückliche Erfindungen gewesen, um der großen Menge Respekt einzuflößen, um das, was wirklich Achtung verdient, mit einer Etikette auszuzeichnen. Und doch haben die offiziellen Auszeichnungen, mit denen Delacroix bedacht worden ist, die Ignoranz nicht zum Schweigen gebracht. Um aber die Sache richtig zu betrachten: Für Leute, die, wie ich, wünschen, daß die Angelegenheiten der Kunst nur unter Aristokraten behandelt werden und die der Überzeugung sind, daß gerade die kleine Zahl der Auserwählten das Paradies ausmache, ist es am besten, so wie es ist. Bevorzugter Mensch! Die Vorsehung hat ihm Feinde aufbehalten. Glücklicher Mensch unter den Glücklichen! Nicht allein, daß sein Talent über die Hemmungen triumphiert, es hat ihm noch neue geschaffen, um ihn auch über diese triumphieren zu lassen! Er ist so groß wie die Alten und zwar in einem Jahrhundert und in einem Land, in denen die Alten nicht hätten leben können. Denn, wenn ich höre, wie man Männer wie Raphael und Veronese bis zu den Sternen erhebt, mit der offenbaren Absicht, das Verdienst dessen, was nach ihnen entstanden ist, zu verkleinern, so frage ich mich bei allem Enthusiasmus den ich für jene großen Schatten, die seiner nicht bedürfen, hege, ob ein Verdienst, das mindestens ebenso groß ist wie das ihre (nehmen wir für einen Augenblick aus purer Gefälligkeit an, es sei kleiner) nicht unendlich verdienstlicher ist, da es sich in einer feindlichen Atmosphäre und auf einem feindlichen Boden entfaltet hat? Die edlen Künstler der Renaissance hätten Strafe verdient, wenn sie nicht groß, fruchtbar und erhaben gewesen wären, wurden sie doch durch eine erlauchte Gesellschaft von vornehmen Herrn und Prälaten, — doch was sage ich? — durch die Menge selbst, die in jenen goldenen Zeiten Künstler war, ermutigt und angefeuert! Was können wir aber von dem modernen Künstler, der sich trotz seinem Jahrhundert sehr hoch emporgeschwungen hat anderes sagen als gewisse Dinge, die dieses Jahrhundert nicht anerkennen wird und die auszusprechen man den künftigen Zeiten überlassen muß?

Um auf die religiösen Gemälde zurückzukommen: Sagen Sie mir, ob Sie jemals die unumgängliche Feierlichkeit der »Grablegung«[1]) besser zum Ausdruck gebracht sahen. Glauben Sie im Ernst, daß Titian so etwas erfunden hätte? Er hätte und er hat die Sache anders gestaltet. Ich ziehe aber diese Art vor. Das Grabgewölbe selber, das Sinnbild des Lebens unter der Erde, das die neue Religion lange Zeit führen mußte, ist der Dekor! Draußen die Luft und das Licht, das in Windungen in die Gruftspirale einströmt. Die »Mutter« ist einer Ohnmacht nahe, sie hält sich kaum noch aufrecht! Merken wir nebenbei an, daß Eugène Delacroix der hochheiligen Mutter, anstatt aus ihr ein Album-Weibchen zu machen, stets tragische Gebärden und Größe verleiht, wie sie dieser Königin der Mütter vollkommen angemessen sind. Es ist nicht anders möglich, als daß ein halbwegs poetisch veranlagter Kunstliebhaber seine Phantasie gepackt fühle und zwar nicht durch einen historischen, sondern durch einen poetischen, religiösen, universellen Eindruck, wenn er diese paar Männer betrachtet, wie sie den Leichnam ihres Gottes sorgsam in die Tiefe einer Krypta hinunter-

---

[1]) Vergleiche E. Moreau-Nélaton: a. a. O. Abbildung 405.

tragen, in jenes Grab, das die Welt anbeten wird »das einzige, wie René[1]) wundervoll sagt, das am Ende der Zeiten nichts wird herauszugeben haben!«

Der »Heilige Sebastian«[2]) ist nicht nur ein Wunder von Malerei, sondern auch ein Genuß als Ausdruck der Trauer. Die »Kreuztragung«[3]) ist eine komplizierte, inbrünstige und kunstvolle Komposition. »Sie sollte, sagt uns der Künstler,[4]) der seine Leute kennt, in großen Ausmaßen in Saint-Sulpice ausgeführt werden, und zwar in der Taufkapelle, deren Bestimmung aber eine Änderung erfahren hat.« Obwohl er alle Vorsicht angewandt hatte, indem er dem Publikum deutlich sagt: »Ich will euch den in kleinem Format gehaltenen Entwurf einer sehr umfangreichen Arbeit, die mir anvertraut worden war, zeigen,« haben die Kritiker wie gewöhnlich nicht verfehlt, ihm vorzuwerfen, er könne nur Skizzen malen!

Hier liegt er auf unwirtlichem Grün, in weiblicher Schlaffheit und Traurigkeit, der erlauchte Dichter, der die »Liebeskunst« lehrte[5]). Werden seine hohen Freunde in Rom den Groll des Kaisers überwinden können? Wird er eines Tages aufs neue die prunkvolle Sinnenlust der fabelhaften Stadt genießen? Nein, aus jenen ruhmlosen Gegenden wird sich der lange, melancholische Strom der »Klagelieder« vergeblich ergießen. Dort wird er leben und dort wird er sterben. »Als ich eines Tages den Jster in der Nähe seiner Mündung durchquert und mich vom Trupp der Jäger etwas entfernt hatte, befand ich mich auf einmal angesichts der Wogen des Pontus Euxinus. Ich entdeckte ein Grabmal aus Stein, über dem ein Lorbeerbaum wuchs. Ich riß das Unkraut, das einige lateinische Buchstaben bedeckte, aus, und bald gelang es mir jenen ersten Vers der Elegien eines unglückseligen Dichters zu lesen:

»Mein Buch, du gehst nach Rom, doch gehst du nach Rom ohne mich.«

---

[1]) Chateaubriand's »René«.

[2]) Vergleiche E. Moreau-Nélaton: a. a. O. Abb. 413.

[3]) Vergleiche E. Moreau-Nélaton: a. a. O. Abb. 404.

[4]) Im Katalog des »Salon«.

[5]) Baudelaire spricht hier und im folgenden von dem Bild »Ovid bei den Scythen«. Vergl. E. Moreau-Nélaton: a. a. O. Abb. 387.

»Ich vermag euch nicht zu schildern, was ich empfand, als ich inmitten dieser Einöde das Grab Ovids auffand. Welche trüben Betrachtungen über die Leiden der Verbannung, die auch ich erduldete, und über die Nutzlosigkeit der Talente für das Glück stellte ich nicht an! Rom, das sich heute der Schilderungen des geistvollsten unter seinen Dichtern erfreut, Rom hat zwanzig Jahre lang mit trockenen Augen die Tränen Ovids fließen sehen. Ach, weniger undankbar als die Völker der Ausonia erinnern sich die wilden Bewohner der Gestade des Jster noch heute des Orpheus, der in ihren Wäldern erschien! Sie sammeln sich zum Tanze um seine Asche, ja sie haben sogar von seiner Sprache einiges bewahrt: so süß ist ihnen das Andenken an diesen Römer, der sich anklagte, er sei der Barbar, weil er von den Sarmaten nicht verstanden wurde!«

Ich habe nicht ohne Grund, da von Ovid die Rede ist, diese Betrachtungen von Eudore zitiert. Der melancholische Ton des Dichters der »Märtyrer«[1]) paßt zu diesem Bild und die sehnsüchtige Traurigkeit des christlichen Gefangenen spiegelt sich darin glücklich wieder. Es findet sich da der Reichtum in der Darstellungsweise und in den Empfindungen, der für die Feder, welche die »Natchez« geschrieben hat, charakteristisch war; und in dem herben Idyll von Eugène Delacroix erkenne ich eine vollkommen schöne Geschichte, denn er hat die Blume der Einöde, die Anmut der Hütte und eine Einfachheit im Schildern des Leidens hineingelegt, die bewahrt zu haben ich mir nicht schmeicheln darf. Gewiß will ich nicht versuchen, mit meiner Feder die Wollust der Trauer wiederzugeben, die aus diesem grünenden »Exil« aufsteigt. Der Katalog, der hier die so klare und so knappe Sprache der Anmerkungen Delacroix' spricht, sagt uns einfach, und das taugt mehr: »Die Einen betrachten ihn neugierig, die Andern bereiten ihm eine Aufnahme nach ihrer Art und bieten ihm wildgewachsene Früchte und Stutenmilch an.« So traurig der Dichter der Eleganz auch ist, er ist doch für diese Barbaren-Liebenswürdigkeit, für den Zauber dieser

[1]) Chateaubriand. Der Held der Dichtung ist Eudore. Chateaubriand ist auch der Verfasser der »Natchez«.

ländlichen Gastlichkeit nicht unempfänglich. Alles was sich bei Ovid an Zartheit und Fruchtbarkeit findet ist in das Gemälde von Delacroix übergegangen, und wie das Exil dem glänzenden Dichter die Traurigkeit, die ihm fehlte, gab, so hat die Melancholie die üppige Landschaft des Malers mit ihrer bezaubernden Farbe überkleidet. Es ist mir unmöglich zu sagen: dieses Bild von Delacroix ist das beste seiner Bilder, denn es ist immer Wein vom selben Faß, berauschend, auserlesen, »sui generis«. Man kann aber doch sagen, daß der »Ovid bei den Scythen« eines jener erstaunlichen Werke ist, wie sie nur Delacroix zu erfinden und zu malen versteht. Der Künstler, der das geschaffen hat, darf sich einen glücklichen Menschen nennen, und glücklich darf sich auch der schätzen, der seine Augen alle Tage daran weiden kann. Der Geist versenkt sich mit langsamer und genießender Wollust hinein, wie in den Himmel, in den Horizont des Meeres, in gedankentiefe Augen, in einen reichen und schweren Hang zur Träumerei. Ich bin überzeugt, daß das Bild für feinfühlige Geister einen ganz besondern Reiz hat; ja ich möchte fast schwören, daß es nervösen und poetischen Temperamenten wohl mehr als anderen gefallen haben muß, Herrn Fromentin z. B., über den ich sogleich das Vergnügen haben werde, Sie zu unterhalten.

Ich zermartere meinen Geist, um ihm eine Formel zu entreißen, welche die »Spezialität« Eugène Delacroix' gut ausdrückt. Ein hervorragender Zeichner, ein fabelhafter Kolorist, ein glühender und fruchtbarer Komponist: all das ist augenscheinlich, all das ist schon gesagt worden. Doch woher kommt es, daß er den Eindruck der Neuheit erweckt? Worin gibt er uns mehr als die Vergangenheit? Ebenso groß wie die Großen, ebenso geschickt wie die Geschickten: warum gefällt er uns besser als sie? Man könnte sagen, er bringe, mit einer reicheren Phantasie begabt, vor allem das Innerste des Gehirns, das erregende Bild der Dinge zum Ausdruck, so treu bewahrt sein Werk den Stempel und die Stimmung seiner Konzeption. Es ist das Unendliche im Endlichen. Es ist der Traum! Darunter verstehe ich nicht das wirre Durcheinander der Nacht, sondern die Vision, die von einem intensiven Nachdenken, oder, bei weniger fruchtbaren Gehirnen, von einem künstlichen Reizmittel hervorgebracht wird. Mit einem Wort: Eugène Delacroix schildert vor allem die Seele in ihren schönen Stunden. Ach, mein lieber Freund, dieser Mann weckt in mir manchmal das Verlangen, so lange zu leben wie ein Patriarch, oder, trotz allem Mut den ein Toter braucht, um in seine Wiederbelebung einzuwilligen, (»Gebt mich der Unterwelt zurück!«, sagte der Unselige, der von der thessalischen Zauberin vom Tode erweckt worden war) rechtzeitig wieder ins Leben gerufen zu werden, um bei den Äußerungen des Entzückens und des Lobes, die er im künftigen Zeitalter hervorrufen wird, zugegenzusein. Doch wozu? Und wenn dieser kindische Wunsch, eine Prophezeihung verwirklicht zu sehen, erhört würde, welch andern Gewinn könnte ich daraus ziehen als die Scham, eingestehen zu müssen, daß ich ein schwaches und von dem Bedürfnis meine Überzeugung bestätigt zu sehen beherrschtes Wesen war?

DIE WANDMALEREIEN VON EUGÈNE DELACROIX IN SAINT-SULPICE. (1861.)

Das Thema des Gemäldes, das die linke Wand der von Herrn Delacroix ausgemalten Kapelle bedeckt, ist in folgenden Versen der Genesis enthalten[1]):

»und führte sie über das Wasser, daß hinüber kam, was er hatte;

»und blieb allein. Da rang ein Mann mit ihm, bis die Morgenröte anbrach.

»Und da er sah, daß er ihn nicht übermochte, rührte er das Gelenk seiner Hüfte an; und das Gelenk der Hüfte Jakobs ward über dem Ringen mit ihm verrenkt.

»Und er sprach: Laß mich gehen, denn die Morgenröte bricht an. Aber er antwortete: Ich lasse dich nicht, du segnest mich denn.

»Er sprach: Wie heißest du? Er antwortete: Jakob.

»Er sprach: Du sollst nicht mehr Jakob heißen, sondern Israël; denn du hast mit Gott und mit Menschen gekämpft, und bist obgelegen.

»Und Jakob fragte ihn und sprach: Sage doch, wie heißest du? Er aber sprach: Warum fragest du, wie ich heiße? Und er segnete ihn daselbst.

»Und Jakob hieß die Städte Pniel; denn ich habe Gott von Angesicht gesehen, und meine Seele ist genesen.

»Und als er an Pniel vorüber kam, ging ihm die Sonne auf; und er hinkte an einer Hüfte.

»Daher essen die Kinder Israels keine Spannader auf dem Gelenk der Hüfte bis auf den heutigen Tag, darum daß die Spannader an dem Gelenk der Hüfte Jakobs gerührt ward.«

Aus dieser bizarren Legende, die viele Leute wörtlich interpretieren, während sie die Anhänger der Kabbala und des Neuen Jerusalem zweifellos in abweichendem Sinne auslegen,

---

[1]) Nach der Lutherschen Übersetzung. Für die Gemälde vergleiche E. Moreau-Nélaton: a. a. O. Abb. 414—420.

hat Delacroix, an die sinnenfällige Bedeutung anknüpfend — wie er mußte — allen Vorteil gezogen, den ein Maler von seinem Temperament überhaupt daraus ziehen konnte. Die Szene spielt an der Furt Jabbok. Die lachenden und goldenen Strahlen des Morgens brechen durch die denkbar reichste und kräftigste Vegetation, eine Vegetation die man patriarchalisch nennen könnte. Zur Linken verliert sich im Gefälle ein klarer Bach; zur Rechten, im Hintergrund, entfernen sich die letzten Reihen der Karawane, welche die reichen Geschenke Jakobs zu Esau führt: »Zweihundert Ziegen, zwanzig Böcke, zweihundert Schafe, zwanzig Widder und dreißig säugende Kamele mit ihren Füllen, vierzig Kühe und zehn Farren, zwanzig Eselinnen mit zehn Füllen.« Im Vordergrund liegen die Gewänder und Waffen auf dem Boden, deren sich Jakob entledigt hat, um Brust gegen Brust mit dem geheimnisvollen »Mann«, den der Herr gesandt, zu ringen. Der natürliche Mensch und der übernatürliche Mensch ringen jeder nach seiner Natur, Jakob wie ein Widder nach vorne sich beugend und alle seine Muskeln anspannend, der Engel, willfährig zum Kampf sich hingebend, ruhig, anmutig, wie ein Wesen, das ohne Anstrengung der Muskeln siegen kann, und das dem Zorn nicht erlaubt, die göttliche Form der Glieder zu entstellen.

Die Decke wird von einem in runder Form gehaltenen Gemälde eingenommen, das Lucifer niedergeschmettert unter den Füßen des Erzengels Michael darstellt. Es ist das eines jener legendären Motive, die man in mehreren Religionen wiedergespiegelt findet, und die selbst in der Erinnerung der Kinder eine Rolle spielen, obwohl es schwierig ist, ihre tatsächlichen Spuren in der Heiligen Schrift zu verfolgen. Ich erinnere mich für jetzt nur eines Verses von Jesajas, der immerhin dem Namen »Lucifer» den legendären Sinn nicht deutlich zuschreibt, eines Verses des Apostels Judas, wo lediglich von einem Streit zwischen dem Erzengel Michael und dem Teufel um den Körper des Moses die Rede ist, und endlich des unvergleichlichen, berühmten 7. Verses des XII. Kapitels der Apokalypse. Wie dem auch sei, die Legende steht unzerstörbar fest. Sie hat Milton eine seiner episch schönsten Schilderungen geliefert; sie steht, verherrlicht durch die berühmtesten Pinsel, in allen Museen zur Schau. Hier bietet sie sich mit der denkbar dramatischsten Pracht dar; doch wird durch das Streiflicht, welches sich durch das Fenster des oberen Teils der Außenmauer ergießt, dem Beschauer eine mühevolle Anstrengung auferlegt, wenn er sie recht genießen will.

Die Wand rechts zeigt die berühmte Geschichte Heliodors, der durch die Engel aus dem Tempel gejagt wurde, als er kam, um die Schatzkammer gewaltsam zu öffnen. Das ganze Volk lag im Gebet; die Frauen wehklagten; jedermann glaubte, daß alles verloren sei, und daß der geweihte Schatz durch den Kämmerer des Seleukus würde geschändet werden.

»Als er sich aber mit seinen Kriegsknechten eben dort in der Schatzkammer befand, rief der Herr der Geister und Herrscher über alle Gewalt eine große Erscheinung hervor, so daß alle, die sich erkühnt hatten, mit hineinzukommen, von der Macht Gottes betroffen, mit Ohnmacht und Verzagtheit geschlagen wurden.

»Es erschien ihnen nämlich ein Pferd mit einem furchtbaren Reiter; das war mit prächtigem Geschirr geschmückt, und gewaltig heranstürmend drang es mit den Vorderhufen auf Heliodorus ein. Der aber darauf saß, zeigte sich mit goldenem Harnisch gerüstet.

»Auch sah man zwei Jünglinge vor ihn hintreten, ausgezeichnet durch Leibesstärke, in glänzender Schönheit und prächtigem Gewande; die standen neben ihm zu beiden Seiten und geiselten ihn unaufhörlich, indem sie Schläge in Menge auf ihn fallen ließen. [1])«

In einem prächtigen Tempel von polychromer Architektur, auf den ersten Stufen der Treppe die zur Schatzkammer führt, liegt Heliodor zu Boden geworfen unter einem Pferd, das ihn mit seinem göttlichen Huf festhält, um ihn den Ruten der beiden Engel bequemer preiszugeben. Diese stäupen ihn mit Macht, aber auch mit der unerschütterlichen Ruhe, die Wesen, die mit himmlischer Gewalt bekleidet sind, zukommt. Der Reiter, der

[1]) Nach der Übersetzung von Adolph Kamphausen.

wirklich von engelhafter Schönheit ist, wahrt in seiner Haltung die ganze Feierlichkeit und die ganze Gelassenheit des Himmels. Oben vom Treppenabsatz, in einem höheren Geschoß, betrachten mehrere Personen mit Entsetzen und Entzücken das Werk der göttlichen Peiniger.

WERK UND LEBEN VON EUGÈNE DELACROIX. (1863.)

AN DEN REDAKTOR DER »OPINION NATIONALE«.

Geehrter Herr!

Noch ein Mal, ein allerletztes Mal, möchte ich dem Genie Eugène Delacroix' meine Huldigung darbringen, und ich bitte Sie, diese paar Seiten gütigst in Ihre Zeitung aufnehmen zu wollen. In ihnen will ich, so kurz als möglich, die Geschichte seines Talentes, den Grund seiner Überlegenheit, die meines Erachtens noch nicht genügend anerkannt ist, endlich einige Anekdoten und einige Bemerkungen über sein Leben und seinen Charakter zu vereinigen suchen.

Ich war so glücklich, in sehr jungen Jahren schon (seit 1845, soviel ich mich erinnere) mit dem berühmten Verstorbenen in Verbindung zu stehen. In dieser Verbindung, bei der die Ehrfurcht meinerseits und die Nachsicht seinerseits gegenseitiges Vertrauen und gegenseitigen freundschaftlichen Umgang nicht ausschlossen, konnte ich mit Muße nicht nur die genaueste Kenntnis seiner Methode sondern auch der intimsten Eigenschaften seiner großen Seele schöpfen.

Sie erwarten wohl nicht, geehrter Herr, daß ich die Werke Delacroix' hier bis ins Einzelne analysiere. Abgesehen davon, daß das ein jeder von uns nach Maßgabe seiner Kräfte und der Gelegenheiten, bei denen der große Maler dem Publikum nacheinander die Schöpfungen seines Denkens zeigte, schon getan hat, wäre ein solcher Bericht so lang, daß eine derartige Analyse, wenn man jedem seiner Hauptwerke auch nur ein paar Zeilen widmete, beinahe einen Band füllen würde. Es muß uns hier genügen, ein lebendiges Resümee zu geben.

Seine Monumentalmalereien stehen zur Schau im »Salon du Roi« der Deputiertenkammer, in der Bibliothek der Deputiertenkammer, in der Bibliothek des Luxembourgpalastes, in der Apollogalerie des Louvre und im »Salon de la Paix« des Rathauses. Diese Dekorationen umfassen eine ungeheure Menge allegorischer, religiöser und historischer Stoffe, die alle zum edelsten Geistesgebiet gehören. Was seine Staffeleibilder, seine Skizzen, seine Grisaillen, seine Aquarelle u. s. w. anlangt, so beläuft sich deren Zahl auf ungefähr zweihundertsechsunddreißig Nummern.

Die Zahl der großen Bildstoffe, die in verschiedenen »Salons« ausgestellt waren, beträgt siebenundsiebzig. Ich entnehme diese Notizen dem Katalog, den Herr Théophile Silvestre seinem ausgezeichneten kurzen Bericht über Eugène Delacroix in seinem »Geschichte der lebenden Maler« betitelten Buch angefügt hat.[1])

Mehr als einmal habe ich selbst versucht, den gewaltigen Katalog aufzustellen; doch meine Geduld wurde durch die unglaubliche Fruchtbarkeit erschöpft, und, des Kämpfens müde, habe ich darauf verzichtet. Wenn sich Herr Théophile Silvestre geirrt hat, so kann er sich nur so geirrt haben, daß er zu wenig angab.

Ich glaube, geehrter Herr, daß es hier einfach darauf ankommt, das Charakteristische von Delacroix' Genie zu eruieren und seine Definition zu versuchen; ferner festzustellen zu suchen, in was er sich von seinen berühmtesten Vorläufern bei aller Ebenbürtigkeit unterscheidet; endlich, soweit es das geschriebene Wort erlaubt, die zauberhafte Kunst zu zeigen, dank deren er das »Wort« durch plastische Bilder wiederzugeben vermocht hat, die lebendiger und adäquater sind als die irgend eines Schöpfers vom selben Beruf, — mit einem Wort, darzutun, mit welcher »Spezialität« in der historischen Entwicklung der Malerei die Vorsehung Herrn Delacroix bedacht hatte.

---

[1]) Es braucht wohl nicht besonders hervorgehoben zu werden, daß das Oeuvre Delacroix' viel umfangreicher ist als Silvestre und ihm folgend Baudelaire annimmt. Der Nachlaß des Künstlers umfaßte allein über 6000 Nummern (die Zeichnungen und graphischen Arbeiten allerdings mitgezählt.)

I.

Was ist Delacroix? Welches waren seine Rolle und seine Aufgabe in dieser Welt? So lautet die erste Frage, die zu erörtern ist. Ich werde mich kurz fassen und rasche Schlüsse anstreben. Flandern hat Rubens, Italien hat Raffael und Veronese, Frankreich hat Lebrun, David und Delacroix.

Ein oberflächlicher Geist nimmt möglicherweise auf den ersten Blick an der Verknüpfung dieser Namen, die so verschiedene Eigenschaften und Methoden repräsentieren, Anstoß. Aber ein aufmerksameres geistiges Auge wird sogleich erkennen, daß zwischen allen eine gemeinsame Verwandtschaft besteht, eine Art Brüder- oder Vetternschaft, die von ihrer Liebe zum Großen, zum Nationalen, zum Ungeheuren und zum Universellen herrührt, einer Liebe, die in der sogenannten dekorativen Malerei oder in den großen »Maschinen« stets zum Ausdruck gekommen ist.

Zweifellos haben viele Andere große »Maschinen« geschaffen, aber die, welche ich genannt habe, taten das in einer Weise, die am meisten dazu angetan war, einen ewig währenden Eindruck im Gedächtnis der Menschheit zurückzulassen. Wer ist nun der größte unter diesen so verschiedenartigen großen Männern? Ein jeder kann darüber nach seinem Gutdünken entscheiden, je nachdem sein Temperament ihn dazu treibt, die fruchtbare, glänzende, beinahe joviale Fülle des Rubens, die sanfte Majestät und die eurythmische Komposition Raffaels, die paradiesische, an Abendstimmungen gemahnende Farbe Veroneses, die herbe und etwas geschraubte Strenge Davids oder die dramatische und gleichsam literarische Redseligkeit Lebruns vorzuziehen.

Keiner dieser Männer kann ersetzt werden. Sie streben in ihrer Gesamtheit nach einem verwandten Ziel; dabei wenden sie verschiedenartige, von ihrem persönlichen Wesen abgeleitete Mittel an. Delacroix, der zuletzt erschienene, hat mit einem bewundernswerten Ungestüm und einer bewundernswerten Inbrunst das ausgedrückt, was die andern nur unvollständig wiedergegeben hatten. Ob vielleicht zum Nachteil von etwas anderem, wie es übrigens auch bei jenen der Fall gewesen? Möglich; doch ist das nicht die Frage, die zu untersuchen ist.

Auch viele andere haben sich bemüht, sich über die verhängnisvollen Folgen eines ausgesprochen persönlichen Genies des längeren zu verbreiten, und es ist ja auch schließlich gut möglich, daß die schönsten Äußerungen des Genies an einem andern Orte als im Himmel selbst, d. h. auf dieser armen Erde, wo selbst die Vollkommenheit unvollkommen ist, nur um den Preis unvermeidlicher Opfer erzielt werden können.

Worin besteht denn nun aber endlich, so werden Sie, geehrter Herr, zweifellos sagen, das gewisse geheimnisvolle Etwas, das Delacroix, zum Ruhm unseres Jahrhunderts, besser wiedergegeben hat als irgend ein anderer? Es ist das Unteilbare, Unfühlbare, es ist der Traum, es sind die Nerven, es ist die Seele. Und er hat das — merken Sie wohl darauf, geehrter Herr — ohne andere Mittel als den Kontur und die Farbe geschaffen; er hat es in vollkommenerer Weise geschaffen als irgend jemand; er hat es mit der Vollkommenheit eines vollendeten Malers, mit der Strenge eines subtilen Literaten, mit der Beredsamkeit eines leidenschaftlichen Musikers geschaffen. Es ist übrigens eines der Charakteristika des Geisteszustandes unseres Jahrhunderts, daß die Künste zwar nicht geradezu danach streben, sich gegenseitig zu ersetzen, aber doch zum mindesten danach, sich gegenseitig neue Kräfte zu leihen.

Delacroix ist der »suggestivste« von allen Malern, derjenige, dessen Werke, selbst wenn man die zweitklassigen und schwächeren wählt, am meisten zu denken geben und am meisten schon bekannte poetische Gefühle und Gedanken, die man aber für immer in der Nacht der Vergangenheit begraben glaubte, ins Gedächtnis zurückrufen.

Das Gesamtwerk Delacroix' kommt mir manchmal wie eine Art Mnemotechnik der Größe und der angeborenen Leidenschaft des Universalmenschen vor. Das ganz besondere und ganz neue Verdienst von Herrn Delacroix, das ihm erlaubt hat, lediglich mit dem Kontur die menschliche Gebärde — auch wenn sie noch so ungestüm — und mit der Farbe das, was man die Atmosphäre des menschlichen Dramas oder den seelischen Zustand des Schöpfers nennen könnte, auszudrücken, dieses ganz neue und eigene Verdienst hat stets die Sympathien aller Poeten um seine Person vereinigt. Und wenn man von einer rein sinnlichen Kundgebung eine philosophische Bestätigung ableiten dürfte, so würde ich Sie, geehrter Herr, zu beachten bitten, daß man unter der Menge, die herbeigeströmt war, um ihm die letzte Ehre zu erweisen, viel mehr Literaten als Maler zählen konnte. Um die ungeschminkte Wahrheit zu sagen: die letzteren haben ihn nie vollkommen verstanden.

II.

Schließlich, was ist dabei gar so verwunderlich? Wissen wir nicht, daß die Zeit der Michelangelo, Raffael, Lionardo da Vinci, ja selbst der Reynolds seit langem vorbei und das allgemeine geistige Niveau der Künstler merkwürdig gesunken ist? Es wäre zweifellos unbillig, wenn man unter den Künstlern des Tages Philosophen, Poeten und Gelehrte suchen wollte, aber es wäre wohlbegründet, wenn man von ihnen verlangte, daß sie sich etwas mehr als sie's tun für Religion, Poesie und Wissenschaft interessieren sollten.

Was wissen sie außerhalb ihrer Ateliers? Was lieben sie? Was äußern sie? Nun aber war Eugène Delacroix gleichzeitig ein in sein Handwerk leidenschaftlich verliebter Maler und ein Mensch von allgemeiner Bildung, im Gegensatz zu den andern modernen Künstlern, die in ihrer Mehrzahl kaum mehr als berühmte oder obskure Malerbanausen sind, traurige Spezialisten, ob sie nun jung oder alt; reine Handwerker, von denen die einen akademische Figuren, die andern Früchte, die dritten Tierstücke zu fabrizieren verstehen. Eugène Delacroix liebte Alles, konnte Alles malen und verstand alle Arten von Talent zu würdigen. Sein Geist war wie kein anderer für alles Wissen, für alle Eindrücke offen; er war der wählerischste und unparteiischste Genießer.

Selbstverständlich war er ein starker Leser. Die Lektüre der Dichter hinterließ in ihm grandiose und rasch und genau sich formende Bilder, sozusagen fertige Gemälde. So verschieden in Methode und Farbe er auch von seinem Lehrer Guérin sein mag, so hat er doch von der großen Schule der Republik und des Kaiserreichs die Liebe zu den Dichtern und einen gewissen, auf den Wettstreit mit dem geschriebenen Wort versessenen Geist geerbt. David, Guérin und Girodet entflammten ihren Geist an der Berührung mit Homer, Virgil, Racine und Ossian. Delacroix ist der ergreifende Interpret von Shakespeare, Dante, Byron und Ariost gewesen. Die Ähnlichkeit ist erheblich, die Verschiedenheit unbedeutend.

Aber lassen Sie uns, bitte, etwas näher auf das was man die Lehre des Meisters nennen könnte eintreten, eine Lehre, die, was mich anlangt, nicht bloß aus der sukzessiven Betrachtung aller und aus der gleichzeitigen Betrachtung einiger seiner Werke, wie Sie sie an der Weltausstellung von 1855 haben genießen können, sondern auch aus wiederholten Gesprächen, die ich mit ihm gepflogen, resultiert.

III.

Delacroix war in die Leidenschaft leidenschaftlich verliebt und kalt entschlossen im Suchen der Mittel, um die Leidenschaft auf die deutlichste Art zum Ausdruck zu bringen. In diesem doppelten Charakter finden wir, um das nebenbei zu sagen, die beiden Merkmale, welche die tüchtigsten Genies kennzeichnen, die höchsten Genies, die kaum dazu geschaffen sind, ängstlichen, leicht zu befriedigenden Seelen, welche in flauen, weichlichen, unvollkommenen Werken genügend geistige Nahrung finden, zu gefallen. Ungeheure Leidenschaft, mit ungeheurer Willenskraft gepaart und gesteigert, das war der Mensch.

Nun aber äußerte er beständig:

»Da ich den dem Künstler durch die Natur vermittelten Eindruck als das Wichtigste was wiederzugeben ist betrachte, ist es da nicht notwendig, daß der Künstler von vornherein mit sämtlichen raschesten Mitteln für die Wiedergabe ausgerüstet sei?«

Es liegt auf der Hand, daß die Phantasie in seinen Augen die wertvollste Gabe, die wichtigste Fähigkeit war, daß aber diese Fähigkeit ohnmächtig und unfruchtbar blieb, wenn ihr nicht eine rasch arbeitende Gewandtheit zu Gebote stand, die der despotischen Hauptfähigkeit in ihren ungeduldigen Launen folgen konnte. Er hatte sicherlich nicht nötig, das Feuer seiner immer glühenden Phantasie anzufachen, doch fand er den Tag stets zu kurz, um die Ausdrucksmittel zu studieren.

Dieser unablässigen Sorge muß man seine ununterbrochenen Untersuchungen über die Farbe und über die Qualität der Farben, seine Liebhaberei für chemische Dinge und seine Unterhaltungen mit Farbfabrikanten zuschreiben. Er gleicht darin Lionardo da Vinci, der ebenfalls von diesen selben Manien besessen war.

Nie wird man Eugène Delacroix trotz seiner Bewunderung für die leidenschaftlichen Phänomene des Lebens mit jenem Haufen vulgärer Künstler und Literaten zusammenwerfen, deren beschränkte Intelligenz hinter dem vagen und obskuren Wort »Realismus« Schutz sucht. Als ich Herrn Delacroix das erste Mal sah — ich glaube es war im Jahre 1845 — (wie doch die Jahre so rasch und reißend dahingehen!) da sprachen wir viel von Gemeinplätzen, will sagen von den weitestgreifenden und doch einfachsten Fragen: so z. B. von der Natur. An dieser Stelle bitte ich Sie um die Erlaubnis, geehrter Herr, mich selber zitieren zu dürfen, denn eine Umschreibung käme den Worten die ich einst beinahe unter dem Diktat des Meisters aufgezeichnet habe, nicht gleich:

»Die Natur ist lediglich ein Wörterbuch, wiederholte er häufig[1]). Um die Tragweite des diesem Satz innewohnenden Sinns richtig zu erfassen, muß man sich die gewöhnlichen und mannigfachen Benützungsarten des Wörterbuchs vorstellen. Man sucht darin den Sinn der Worte, die Entstehung der Worte, die Etymologie der Worte; endlich entnimmt man ihm alle Elemente, aus denen sich ein Satz oder eine Erzählung zusammensetzt.

[1]) Vergleiche dazu Seite 29 und 48.

Kein Mensch jedoch hat jemals das Wörterbuch als eine »Komposition« im poetischen Sinne des Wortes betrachtet. Die Maler welche sich von der Phantasie leiten lassen suchen in ihrem Wörterbuch die Elemente, die zu ihrer Auffassung passen. Überdies geben sie ihnen, indem sie sie mit einer gewissen Geschicklichkeit zurichten, ein ganz neues Gepräge. Diejenigen die keine Phantasie haben, kopieren das Wörterbuch. Daraus ergibt sich ein sehr großer Fehler, der Fehler der Banalität, der ganz besonders denjenigen unter den Malern eigen ist, deren Spezialität sie mit der sogenannten unbeseelten Natur stärker in Berührung bringt, den Landschaftern z. B., die das Verbergen ihrer Persönlichkeit im allgemeinen als einen Triumph ansehen. Ihr vieles Betrachten und Kopieren läßt sie das Fühlen und Denken vergessen.

»Für den großen Maler waren, sind — will ich sagen — alle Teile der Kunst, von denen der eine diesen der andere jenen für den vorzüglichsten hält, nur die untertänigen Dienerinnen einer einzigen, unvergleichlichen, höheren Fähigkeit. Wenn eine sehr genaue Ausführung vonnöten ist, so ist sie das zum Zweck einer sehr genauen Wiedergabe der Bildervorstellung; ist sie sehr rasch so geschieht das, damit sich von dem ungewöhnlichen Eindruck, der die Konzeption begleitete, nichts verliere. Daß sich die Aufmerksamkeit des Künstlers selbst auf die materielle Sauberkeit des Werkzeugs erstreckt versteht sich ohne weiteres, da alle Vorsorge getroffen werden muß, um die Ausführung behende und entscheidend zu gestalten«.

Nebenbei gesagt: ich habe nie eine so bis ins kleinste und so sorgsam zubereitete Palette wie die von Delacroix gesehen. Sie glich einem kunstvoll zusammengestellten Blumenstrauß.

»Bei einer solchen spezifisch logischen Methode müssen alle Personen, samt ihrer entsprechenden Verteilung, samt der Landschaft oder dem Innenraum, der ihnen als Hintergrund oder als Horizont dient, samt ihren Gewändern, kurz Alles muß dazu dienen, die Gesamtidee zu klären und muß deren eigenartige Farbe, ihre Livree gewissermaßen, tragen. So wie ein Traum in die farbige Umgebung die ihm eigen gestellt ist, gerade so muß sich eine Komposition gewordene Konzeption in dem ihr eigentümlichen farbigen Milieu bewegen. Es gibt entschieden einen besondern Ton, der, irgend einem Teil des Bildes beigelegt, zum Schlüssel wird und die andern beherrscht. Jedermann weiß, daß Gelb, Orange und Rot Vorstellungen der Freude, des Reichtums, des Ruhmes und der Liebe hervorrufen und repräsentieren; es gibt aber tausende von gelben oder roten Atmosphären, und alle andern Farben werden logischer Weise durch die dominierende Atmosphäre in entsprechendem Maße beeinflußt. Die Kunst des Koloristen berührt sich in gewissen Punkten augenscheinlich mit der Mathematik und der Musik.

»Doch vollziehen sich seine delikatesten Operationen mittelst eines Gefühls, dem eine langjährige Übung eine unerhörte Sicherheit verliehen hat. Man sieht, daß das hohe Gesetz allgemeiner Harmonie gar manchem Blendwerk und gar manchen Härten, die sich selbst bei den berühmtesten Malern finden, das Urteil spricht. Es gibt Bilder von Rubens, die einen nicht nur an ein Farben-Feuerwerk gemahnen, sondern sogar an mehrere an derselben Stelle abgebrannte Feuerwerke. Es ist selbstverständlich, daß, je größer ein Bild ist, um so breiter der Pinselstrich sein muß; doch ist es gut, wenn die Pinselstriche materiell nicht verschmolzen sind; auf die durch das sympathetische Gesetz, das sie vereinigt hat, gewollte Distanz verschmelzen sie auf natürliche Weise. Die Farbe bekommt so mehr Energie und Frische.

»Ein gutes, dem Traum, der es geboren, treu bleibendes und adaequates Bild muß geschaffen werden wie eine Welt. Gerade wie die Schöpfung so wie wir sie sehen das Resultat mehrerer Schöpfungen ist — wobei die nachfolgende die vorangehenden immer ergänzt — so besteht ein harmonisch entwickeltes Bild aus einer Reihe von übereinanderliegenden Bildern, wobei jede neue Schicht den Traum mehr verwirklicht und der Vollendung einen Grad näher bringt. Ganz im Gegensatz dazu erinnere ich mich, im Atelier von Paul Delaroche und Horace Vernet umfangreiche Bilder gesehen zu haben, die nicht im Zustand des Entwurfs sondern angefangen, d. h. in gewissen Teilen vollkommen fertig gestellt waren, während gewisse andere Partien erst durch einen schwarzen oder weißen Kontur angedeutet waren. Man könnte diese Art zu Werke zu gehen mit einer rein manuellen Arbeit, die einen gewissen Flächenumfang in einem festgesetzten Zeitraum zu bedecken hat, oder mit einer in eine große Zahl von Etappen eingeteilten Bahn vergleichen. Wenn eine Etappe zurückgelegt ist, ist sie nicht nochmals zurückzulegen, und wenn die ganze Bahn durchmessen ist, so ist der Künstler von seinem Bild erlöst.

»Alle diese Regeln werden selbstverständlich durch das verschiedenartige Temperament der Künstler mehr oder weniger modifiziert. Ich bin jedoch überzeugt, daß jenes für die mit reicher Phantasie Begabten die sicherste Methode ist. Infolgedessen zeugen allzugroße Seitensprünge gegenüber der fraglichen Methode dafür, daß irgend einer sekundären Seite der Kunst eine anormale und unbillige Bedeutung beigelegt wurde.

Ich fürchte nicht, daß man sagen könnte, es sei absurd, eine gleiche, durch eine Menge verschiedener Individuen angewandte Methode zu supponieren. Denn es liegt auf der Hand, daß die Gesetze der Rhetorik und der Prosodie keine beliebig erfundenen Tyrannien sind, sondern eine Sammlung von Regeln, die von der Organisation des menschlichen Geistes selbst verlangt werden. Und niemals waren die Lehren der Prosodie und der Rhetorik für originale Naturen ein Hindernis, sich klar und persönlich zu äußern. Das Gegenteil, nämlich das, daß sie die Entfaltung originaler Naturen gefördert haben, wäre unendlich viel zutreffender.

»Um mich kurz zu fassen bin ich genötigt, eine Menge Folgerungen, die aus der Hauptformel resultieren, wegzulassen, aus der Hauptformel, in der sozusagen das ganze Rüstzeug der wahren Aesthetik enthalten ist, und die so ausgedrückt werden kann: Das ganze sichtbare Universum ist nur ein Lager von Bildern und Zeichen, denen die Phantasie einen entsprechenden Platz und Wert verleiht; es ist eine Art Nahrung, welche die Phantasie verarbeiten und umwandeln muß. Alle Fähigkeiten der menschlichen Seele müssen sich der Phantasie, die sie alle miteinander in Beschlag nimmt, unterordnen. Gerade so wie genaue Kenntnis des Wörterbuchs nicht notwendig die Kenntnis der Kunst der Komposition in sich schließt, und wie die

Kunst der Komposition ihrerseits nicht die universelle Phantasie in sich schließt. So braucht ein guter Maler nicht zugleich ein großer Maler zu sein; ein großer Maler aber ist mit Notwendigkeit ein guter Maler, denn die universelle Phantasie schließt die Kenntnis aller Mittel und den Wunsch, sie sich anzueignen, in sich.

»Es liegt auf der Hand, daß nach den Begriffen, die ich soeben schlecht und recht erläutert habe (es gäbe noch so viele Dinge zu sagen, besonders über die übereinstimmenden Seiten aller Künste und über die Ähnlichkeit ihrer Methoden!) die ungeheure Klasse der Künstler. d. h. der Menschen die sich der Wiedergabe des Schönen geweiht haben, in zwei sich stark unterscheidende Lager geteilt werden kann. Das eine, das sich selbst das »realistische« nennt — ein doppelsinniges Wort, dessen Bedeutung nicht genau festgelegt ist — und das wir, um seinen Irrtum besser zu kennzeichnen, das »positivistische« nennen wollen, sagt: »Ich möchte die Dinge so darstellen, wie sie sind oder wie sie wären, angenommen ich existierte nicht«. Das Universum ohne den Menschen. Und das andere, das imaginative sagt: »Ich möchte die Dinge mit meinem Geist erleuchten und den Abglanz davon auf die andern Geister übertragen«. Obwohl diese beiden absolut entgegengesetzten Methoden alle Stoffe, vom religiösen Thema bis zur bescheidensten Landschaft, in höhere Sphären erheben oder in tiefere erniedrigen können, mußte sich doch im allgemeinen der mit Phantasie Begabte in der religiösen und in der Phantasie-Malerei äußern, während die sogenannte Genremalerei und die Landschaft offenbar den trägen und nur schwer tiefer erregbaren Geistern ein weites Betätigungsfeld bieten mußten. . . . .

»Die Phantasie von Delacroix![1]) Die ist nie davor zurückgeschreckt, die steilen Höhen der Religion zu erklimmen. Der Himmel gehört ihr wie die Hölle, wie der Krieg, wie der Olymp, wie die Wollust. Hier haben wir ganz den Typus des Maler-Dichters! Er ist so recht einer von den seltenen Auserwählten, und sein weitumfassender Geist schließt die Religion in seinen Bereich ein. Seine Phantasie, inbrünstig wie eine inbrünstige

[1]) Zitat aus der Salonbesprechung von 1859; vergl. Seite 68.

Trauerfeier, strahlt in allen Flammen und in allem Purpur. Alles Leiden, das die »Passion« in sich vereint, packt ihn leidenschaftlich. Aller Glanz, den die Kirche kennt, entzündet ihn. Er gießt über seine inspirierten Gemälde abwechselnd Blut, Licht und Finsternis aus. Ich glaube, er würde am liebsten seine ihm angeborene Pracht zu den Herrlichkeiten des Evangeliums noch hinzutun.

»Ich habe eine kleine »Verkündigung« von Delacroix gesehen, bei welcher der die Maria besuchende Engel nicht allein war, sondern von zwei andern Engeln feierlich geleitet wurde. Die Wirkung dieser himmlischen Aufwartung war mächtig und bezaubernd. Eines seiner Jugendwerke, »Christus auf dem Ölberg« (»Vater, nimm diesen Kelch von mir«, in Saint-Paul, Rue Saint-Antoine), strömt über von weiblicher Zartheit und poetischer Inbrunst. Das Leiden und der Pomp, die beide in der Religion einen so wichtigen Platz einnehmen, wecken in seinem Geist stets ein Echo«.

Und erst neulich noch, bei Anlaß jener Kapelle der Erzengel in Saint-Sulpice (»Heliodors Vertreibung aus dem Tempel« und »Jakobs Kampf mit dem Engel«), seiner letzten großen und so albern kritisierten Arbeit, äußerte ich[1]):

»Nie, nicht einmal in der »Milde Trajans« und nicht einmal im »Einzug der Kreuzfahrer in Konstantinopel« hat Delacroix ein Kolorit von solch herrlicher und kunstvoller Übernatürlichkeit entfaltet, nie eine Zeichnung von so »eigenwilliger« Epik. Ich weiß wohl, daß einige Personen, zweifellos »Banausen«, vielleicht Architekten, bei Anlaß des letztgenannten Werkes das Wort »Dekadenz« ausgesprochen haben. Es ist hier der Ort, daran zu erinnern, daß die großen Meister, Dichter und Maler, Hugo und Delacroix, ihren zaghaften Bewunderern immer um eine Anzahl Jahre voraus sind.

»Was das Genie anlangt ist das Publikum eine Uhr die nachgeht. Wer von den Einsichtigen begreift nicht, daß das erste Bild des Meisters schon alle andern im Keim enthielt?

[1]) Dieses Selbstzitat weist darauf hin, daß der in den »Oeuvres complètes« enthaltene Essai über die Malereien in Saint-Sulpice (vgl. Seite 76 ff.) unvollständig abgedruckt ist. Die hier zitierte Stelle fehlt dort.

Daß er jedoch seine angeborenen Gaben unablässig vervollkommnet, daß er sie sorgfältig schärft, daß er ihnen neue Wirkungen abgewinnt, daß er selbst seine Natur bis zum äußersten anstrengt: das ist unvermeidlich, ist Verhängnis und lobenswert. Das Hauptmerkmal von Delacroix' Genie ist gerade das, daß es die Dekadenz nicht kennt; es kennt bloß den Fortschritt. Nur waren eben seine ursprünglichen Fähigkeiten so vehement und reich und haben auf die Geister, selbst auf die vulgärsten, einen so starken Eindruck ausgeübt, daß der tägliche Fortschritt für sie nicht fühlbar ist; die Tadler allein erkennen ihn deutlich.

»Ich sprach soeben vom Gerede einiger »Banausen«. Ich möchte mit diesem Wort jene Klasse ungebildeter und plumper Geister kennzeichnen (ihre Zahl ist ungeheuer groß), welche die Dinge nur nach ihrem Kontur oder — noch schlimmer — nach ihren drei Dimensionen: Breite, Länge und Tiefe beurteilen, genau wie die Wilden und Bauern. Ich habe oft selbst gehört, wie derartige Personen eine mir vollkommen unverständliche Hierarchie der Fähigkeiten aufstellten, habe sie z. B. behaupten hören, daß die Fähigkeit, die dem einen einen genauen, dem andern einen außergewöhnlich schönen Kontur zu schaffen erlaubt, derjenigen Fähigkeit, welche die Konturen in bezaubernder Weise zu vereinigen versteht, überlegen sei. Nach der Meinung dieser Leute träumt, denkt und spricht die Farbe nicht. Es könnte den Anschein haben, als ob ich mich beim Betrachten der Werke eines jener speziell Koloristen genannten Männer einem Genuß von nicht edler Art hingebe; sie könnten mich leicht einen Materialisten nennen, wobei sie für sich selbst das aristokratische Epitheton Spiritualisten reservierten.

»Diese oberflächlichen Geister bedenken nicht, daß die beiden Fähigkeiten nie ganz getrennt werden können, und daß alle beide das Produkt eines ursprünglichen, sorgfältig gepflegten Keimes sind. Die äußere Natur verschafft dem Künstler bloß die unaufhörlich sich erneuernde Gelegenheit, diesen Keim zu pflegen; sie ist lediglich eine zusammenhangslose Anhäufung von Stoffen, die den Künstler einladen, sie zu verbinden und zu ordnen, ein »incitamentum«, ein Wecker für schlummernde Fähigkeiten. Um mich genau auszudrücken: es gibt in der

Natur weder Linien noch Farben. Der Mensch ist es, der Linie und Farbe erschafft. Es sind das zwei Abstraktionen, die ihren ebenbürtigen Adel aus der gleichen Quelle herleiten.

»Ein geborener Zeichner (ich nehme an, es sei ein Kind) beobachtet in der bewegungslosen oder bewegten Natur gewisse Krümmungen, die ihm eine gewisse Wollust bereiten; er ergötzt sich damit, sie in Form von Linien auf dem Papier festzuhalten, wobei er ihre Biegungen nach Gutdünken übertreibt oder abschwächt. So lernt er die Rundung, die Eleganz, den Charakter in der Zeichnung schaffen. Nehmen wir an, ein Kind sei bestimmt, sich in der Seite der Kunst, die Farbe heißt, zu vervollkommnen: es wird aus dem Widerstreit oder aus der glücklichen Übereinstimmung zweier Töne und aus dem Vergnügen, das ihm daraus entspringt, die unendliche Lehre von den Tonkombinationen schöpfen. Die Natur ist in beiden Fällen ein bloßer Anreiz gewesen.

»Die Linie und die Farbe veranlassen alle beide zum Denken und Träumen. Die Freuden, die davon herrühren, sind von verschiedener, aber vollkommen gleichwertiger und vom Vorwurf des Bildes absolut unabhängiger Natur.

»Ein Bild von Delacroix ergreift Sie schon auf eine Entfernung, die zu groß ist, um die Schönheit der Konturen oder den mehr oder weniger dramatischen Charakter des Vorwurfs beurteilen zu können, mit übernatürlicher Wonne. Es scheint Ihnen, als ob eine magische Atmosphäre auf Sie zukomme und Sie einhülle. Dieser düstere und doch köstliche, dieser leuchtende aber ruhige Eindruck, der sich Ihrem Gedächtnis für immer einprägt, bezeugt den wahren, den vollendeten Koloristen. Und die Analyse des Vorwurfs beim Nähertreten wird vom ursprünglichen Vergnügen, dessen Quelle anderswo und fern von aller verborgenen Idee liegt, nichts wegnehmen und ihm nichts beifügen.

»Ich kann das Beispiel umkehren. Eine gutgezeichnete Figur erfüllt Sie mit einem Genuß, an dem der Vorwurf vollkommen unbeteiligt ist. Diese Figur, ob sie nun wollust- oder schreckenerregend ist, verdankt ihren Reiz nur der Arabeske, die sie im Raum umschreibt. Die Gliedmaßen eines geschundenen Märtyrers, der Körper einer ohnmächtigen Nymphe vermitteln, wenn sie kunstvoll gezeichnet sind, eine Art von Genuß, dessen Elemente mit dem Vorwurf nichts zu tun haben; wenn es sich für Sie anders verhält bin ich gezwungen, Sie für einen Schurken oder Wüstling zu halten.

»Doch, ach, wozu, wozu diese nutzlosen Wahrheiten immer von neuem wiederholen?«

Doch vielleicht schätzen Ihre Leser, geehrter Herr, diese rhetorische Leistung viel weniger als die Details über die Persönlichkeit und die Gewohnheiten unseres tief betrauerten großen Malers; ich selber brenne darauf, sie ihnen zu geben.

IV.

Vor allem in den literarischen Werken von Eugène Delacroix zeigt sich jener Dualismus der Natur, von dem ich gesprochen habe. Wie Sie wissen, geehrter Herr, wunderten sich viele Leute über die besonnene Klugheit seiner schriftlich geäußerten Urteile und über die Mäßigung seines Stils; die einen bedauerten, die andern billigten sie. »Die verschiedenen Arten des Schönen«, die Studien über »Poussin«, »Prudhon«, »Charlet« und die andern entweder im »Artiste« (dessen damaliger Eigentümer Herr Ricourt war) oder in der »Revue des Deux Mondes« veröffentlichten Artikel können den dualistischen Charakter großer Künstler nur bestätigen, der sie als Kritiker dazu treibt, diejenigen Fähigkeiten derer sie in ihrer Eigenschaft als Gestalter am meisten bedürfen, und die denen welche sie im Überfluß besitzen entgegengesetzt sind, besonders überschwenglich zu loben und zu analysieren. Wenn Eugène Delacroix das, was wir vor allem an ihm bewundern, nämlich die Gewalt und die Unmittelbarkeit im Gestus, das Ungestüm der Komposition, den Zauber der Farbe gelobt und herausgestrichen hätte, dann hätte man in der Tat Grund gehabt, sich zu verwundern. Wozu das suchen, was man beinah im Überfluß besitzt und warum nicht das rühmen, was einem seltener und schwerer erreichbar scheint? Wir werden, geehrter Herr, immer wieder sehen, wie sich die gleiche Erscheinung bei genialen Gestaltern, Malern und Literaten, geltend macht, und zwar jedes Mal dann, wenn sie ihre Fähigkeiten der Kritik widmen. Zur Zeit des großen Kampfes zwischen den beiden Schulen, der klassischen und der romantischen, staunten einfache Geister, als sie Eugène Delacroix unablässig Racine, La Fontaine und Boileau rühmen hörten. Ich kenne einen Dichter, eine ewig stürmische und erregte Natur, den ein symmetrischer und harmonischer Vers von Malherbe in dauernde Extasen versetzt.

Übrigens wäre es, so besonnen, so verständig und so klar in Darstellung und Intention uns die literarischen Fragmente des großen Malers vorkommen, absurd, zu glauben, sie seien mit leichter Hand und mit der Sicherheit seiner Pinselführung niedergeschrieben. So sicher er in der »Niederschrift« seiner Gedanken auf der Leinwand war, so beunruhigt war er von der Möglichkeit, seinen Gedanken nicht auf das Papier »malen« zu können. »Die Feder, so äußerte er oft, ist mein »Werkzeug« nicht; ich fühle, daß ich richtig denke, aber das Bedürfnis nach Ordnung, dem ich gehorchen muß, setzt mich in Schrecken. Werden Sie es glauben, daß mir die Notwendigkeit, eine Seite zu schreiben, Migräne verursacht?« Mit diesem Zwang, der Folge des Mangels an Übung, kann man gewisse etwas abgebrauchte, etwas »abgeschmackte«, ja selbst »steife« Ausdrücke erklären, die dieser von Natur distinguierten Feder allzuoft entschlüpfen.

Das was den Stil Delacroix' am deutlichsten kennzeichnet ist das Konzise und eine gewisse alles Auffallende vermeidende Intensität, die gewöhnliche Folge der Konzentration aller geistigen Kräfte auf einen bestimmten Punkt. »The hero is he who is immovably centred« sagt Emerson, der Moralist jenseits des Meeres, der, obwohl er als das Haupt der langweiligen Bostoner Schule gilt, doch gewisse Anwandlungen à la Seneca hat, die geeignet sind, das Nachdenken anzuspornen. »Ein Held ist derjenige, der unablässig konzentriert ist.« — Der Grundsatz, den das Haupt der amerikanischen »Transzendenzlehre« auf die Lebensführung und auf das geschäftliche Gebiet anwendet, läßt sich geradeso auf das Gebiet der Poesie und der Kunst anwenden. Man könnte ebensogut sagen: »Ein literarischer Held, d. h. ein wahrer Schriftsteller ist derjenige, der unablässig konzentriert ist.« Es wird Sie also nicht überraschen, geehrter Herr, daß Delacroix eine sehr ausgesprochene Sympathie für konzise und konzentrierte Schriftsteller hatte, für die, deren mit ausschmückendem Beiwerk wenig belastete Prosa den Eindruck erweckt, als ob sie den raschen Flug des Gedankens wiederzugeben suche, und deren Sätze Gesten ähneln: Montesquieu z. B. Ich kann Ihnen ein merkwürdiges Beispiel dieser reichen und poetischen Kürze liefern. Wie ich haben Sie ohne Zweifel in diesen Tagen in der »Presse« eine sehr merkwürdige und sehr schöne Studie von Herrn Paul de Saint-Victor[1]) über den Plafond der Apollogalerie gelesen. Die verschiedenen Auffassungen der Sintflut, die Art wie die auf die Sintflut bezüglichen Legenden interpretiert werden müssen, die geistig-sittliche Bedeutung der Episoden und Handlungen, aus denen sich das Ganze des wunderbaren Gemäldes zusammensetzt, nichts ist vergessen; und das Bild selber ist bis ins Kleinste in dem charmanten, ebenso geistvollen wie farbigen Stil, von dem uns der Verfasser schon so zahlreiche Proben gegeben hat, geschildert. Dennoch wird das Ganze nur ein unbestimmtes Bild im Gedächtnis zurücklassen, so etwas wie das sehr vage Licht einer (optischen) Vergrößerung. Vergleichen Sie diesen umfangreichen Artikel mit den folgenden wenigen Zeilen, die meines Erachtens sehr viel energischer und sehr viel geeigneter sind, ein »Bild« zu geben, selbst wenn man annimmt, das Gemälde, über das sie kurz zusammenfassend berichten, existiere nicht. Ich kopiere ganz einfach das Programm, das Herr Delacroix an seine Freunde verteilte, als er sie einlud, das fragliche Werk zu besichtigen:

APOLLON ALS SIEGER ÜBER DEN DRACHEN PYTHON.[2])

»Der Gott, auf seinem Streitwagen stehend, hat schon einen Teil seiner Pfeile verschossen; seine Schwester Diana, die hinter

---

[1]) Graf Paul de Saint-Victor (1825—81). Französischer Schriftsteller; Literatur- und Kunstkritiker.

[2]) Vergleiche E. Moreau-Nélaton a. a. O. Abbildungen 289—292.

ihm herfliegt, hält ihm den Köcher hin. Schon windet sich, von den Pfeilen des Gottes der Wärme und des Lebens durchbohrt, das blutende Ungeheuer und haucht in glühendem Dampf den Rest seines Lebens und seiner ohnmächtigen Wut aus. Die Gewässer der Sintflut beginnen zu versiegen und lagern auf den Bergspitzen Leichen von Menschen und Tieren ab oder spülen sie mit sich fort. Die Götter sind empört, die Erde unförmlichen Ungeheuern, unreinen Kreaturen des Schlamms preisgegeben zu sehen. Sie haben sich gewappnet wie Apollo: Minerva und Merkur stürzen sich herab, um sie auszurotten, bis daß die ewige Weisheit die Einöde des All wieder bevölkert. Herkules zerschmettert sie mit seiner Keule; Vulkan, der Gott des Feuers, jagt die Nacht und die unreinen Dämpfe vor sich her, während Boreas und die Zephire mit ihrem Atem die Gewässer austrocknen und das Gewölk vollends zerstreuen. Die Nymphen der Ströme und Flüsse haben ihr Lager im Schilf und ihre von Schlamm und Trümmern noch besudelten Urnen wiedergefunden. Furchtsamere Gottheiten betrachten abseits den Kampf der Götter und Elemente. Unterdessen schwebt hoch vom Himmel herab die Siegesgöttin, um den Sieger Apollo zu krönen und Jris, die Götterbotin, entfaltet in den Lüften ihr Tuch, das Symbol des Triumphs des Lichtes über die Finsternis und über die Aufruhr der Gewässer«.

Ich weiß, der Leser ist gezwungen, vieles zu erraten und gewissermaßen mit dem Verfasser der Notiz mitzuarbeiten; aber glauben Sie wirklich, geehrter Herr, daß die Bewunderung für den Maler mich in diesem Fall zum kritiklosen Träumer macht, und daß ich mich vollständig täusche, wenn ich behaupte, daß ich hier die Anzeichen einer aus guter Lektüre gewonnenen aristokratischen Vertrautheit und jener Richtigkeit im Denken erblicke, die es Weltmännern, Militärs, Abenteurern, ja selbst simplen Hofschranzen ermöglicht hat, manchmal auf gut Glück, sehr schöne Bücher zu schreiben, die wir, die Leute vom Handwerk, bewundern müssen.

V.

Eugène Delacroix war eine merkwürdige Mischung von Skeptizismus, Höflichkeit, Dandytum, feurigem Willen, Schlauheit, Despotismus und endlich einer gewissen eigenartigen Güte und zurückhaltenden Zärtlichkeit, welche stets die Begleiter des Genies sind. Sein Vater gehörte zu jener Rasse von Kraftnaturen, deren letzte Repräsentanten wir in unserer Jugend gekannt haben: die einen feurige Apostel von Jean-Jacques, die andern entschlossene Jünger von Voltaire. Alle haben sie mit derselben Hartnäckigkeit an der französischen Revolution mitgearbeitet, und die Überlebenden, Jakobiner und Franziskaner, schlossen sich mit vollkommener Aufrichtigkeit (es ist wichtig, das festzustellen) den Intentionen Bonapartes an.

Eugène Delacroix hat die Spuren dieser revolutionären Abstammung immer bewahrt. Man kann von ihm wie von Stendhal sagen, daß er eine große Angst davor hatte, düpiert zu werden. Als Skeptiker und Aristokrat kannte er das Leiden und das Übernatürliche nur durch ihr notwendiges Verknüpftsein mit der künstlerischen Konzeption. Als Hasser der großen Masse schätzte er diese kaum höher ein wie als Bilderstürmer, und die anno 1848 an einigen seiner Bilder begangenen Gewalttätigkeiten waren nicht dazu angetan, ihn zum politischen Sentimentalismus unserer Zeit zu bekehren. Es lebte sogar in ihm, was Stil, Umgangsformen und Meinungen anlangt, etwas von Victor Jacquemont[1]). Ich weiß, daß der Vergleich einigermaßen beleidigend ist, darum wünsche ich, daß er sehr cum grano salis verstanden werde. Es lebt in Jacquemont aufrührerische Bourgeois-Schöngeisterei neben einer Spottsucht, die ebenso geneigt ist, Diener des Brahma wie solche Jesu Christi zu mystifizieren. Delacroix, gewarnt durch den Geschmack und Takt, der dem Genie immer eigen ist, konnte nie zu solch niedrigem Denken herabsinken. Mein Vergleich bezieht sich also lediglich auf den Geist der Klugheit und Mäßigung, der alle beide kennzeichnet. Desgleichen zeigten die hereditären Spuren, die das XVIII. Jahrhundert in seiner Natur hinterlassen

[1]) Vergleiche die Anmerkung auf Seite 25.

hatte, hauptsächlich die Art jener von den Utopisten wie von den Zeloten gleichweit entfernten Klasse, nämlich der der höflichen Skeptiker — Sieger und Überlebende — die im allgemeinen mehr von Voltaire als von Jean-Jacques beeinflußt waren. So erschien einem auch Eugène Delacroix bei oberflächlicher Betrachtung bloß als ein »aufgeklärter« Mensch, im rühmlichen Sinne des Wortes, als ein vollendeter »Gentleman« ohne Vorurteile und Passionen. Erst bei häufigerem Verkehr mit ihm konnte man hinter den Firnis gelangen und die abstrusen Seiten seines Wesens erraten. Ein Mensch, mit dem man ihn hinsichtlich der äußern Haltung und der Umgangsformen mit mehr Recht vergleichen könnte, wäre Herr Mérimée. Er besaß dieselbe scheinbare, etwas affektierte Kälte, denselben »Mantel aus Eis«, der eine schamhafte Sensibilität und eine glühende Leidenschaft für das Gute und Schöne verbarg; er besaß unter dem gleichen vorgeblichen Egoismus die gleiche opferbereite Hingebung für seine heimlichen Freunde und seine Lieblingsideen.

Eugène Delacroix hatte viel von einem »Ungeselligen« (einem »Wilden«); es war das die wertvollste Seite seines Wesens, d i e Seite, die ganz der malerischen Gestaltung seiner Träume und dem Kultus seiner Kunst geweiht war. Er hatte viel von einem Weltmann. Diese Seite war dazu bestimmt, die erstere zu verhüllen und zu entschuldigen. Ich glaube, es ist eine der Hauptsorgen seines Lebens gewesen, die zornige Erregtheit seines Herzens zu verbergen und nicht den Anschein eines genialen Menschen zu erwecken. Sein Zug zum Dominieren — ein sehr berechtigter aber verhängnisvoller Zug — war unter tausend Artigkeiten fast verschwunden. Man hätte glauben können, einen mit Blumensträußen kunstvoll verdeckten vulkanischen Krater vor sich zu haben.

Ein weiterer mit Stendhal verwandter Zug war sein Hang zu einfachen Formeln und kurzgefaßten Maximen über richtige Lebensführung. Wie alle Leute, die vom Methodischen umso eingenommener sind, je ausgesprochener sie ihr feuriges und sensibles Temperament davon fernzuhalten scheint, liebte es Delacroix, kurze Abrisse praktischer Moral von jener Art zu verfassen, welche Leichtsinnige und Tagediebe, die nichts ernsthaftes tun, geringschätzig Herrn de la Palisse[1]) zuschreiben würden, die aber das Genie nicht verachtet, weil es mit der Einfachheit eng verwandt ist: gesunde, kraftvolle, einfache und strenge Maximen, die demjenigen, den das Verhängnis seines Genies in einen fortwährenden Kampf treibt, als Harnisch und Schild dienen.

Muß ich Ihnen noch besonders sagen, daß derselbe Geist entschlossener und verachtender Klugheit Herrn Delacroix' Ansichten über Politik bestimmte? Er war der Meinung, daß nichts sich ändere, wenngleich es den Anschein habe, als ob alles sich ändere, und daß gewisse Entwicklungsperioden in der Geschichte der Völker unabänderlich analoge Erscheinungen mit sich brächten. Alles in allem näherte sich seine Anschauung über derartige Dinge, besonders hinsichtlich ihrer kühlen und trostlosen Resignation, der Anschauung eines Historikers von dem ich für meine Person besonders viel halte, und den auch Sie, geehrter Herr, der Sie mit jenen Thesen ja so vollkommen vertraut sind, und der Sie das Talent, auch wenn es Ihnen entgegengesetzt ist, zu schätzen wissen, sicherlich mehr als ein Mal haben bewundern müssen. Ich meine Herrn Ferrari[2]), den subtilen und gelehrten Verfasser der »Geschichte der Staatsraison«. Der Causeur, der sich vor Herrn Delacroix kindlicher utopistischer Begeisterung hingab, bekam denn auch bald sein bitteres, von sarkastischem Mitleid durchtränktes Lachen zu spüren; und wenn jemand in seiner Gegenwart unüberlegter Weise die große Chimäre der modernen Zeit, den ungeheuerlichen Bluff der unbegrenzten Vervollkommnung und des unbegrenzten Fortschritts aufs Tapet brachte, so fragte er einen gern: »Wo sind denn Ihre Phidiasse? Wo sind Ihre Raffaels?«

Doch seien Sie überzeugt, daß dieser sich in schroffer Weise geltend machende gesunde Menschenverstand Herrn Delacroix

---

[1]) Jacques de Chabannes, seigneur de la Palisse (gest. 1525), französischer Marschall. Seine Spezialität, die ihm eine leicht komische Berühmtheit verschaffte, waren Tautologien; daher sein Name im Französischen gleichbedeutend mit Tautologie gebraucht wird.

[2]) Giuseppe Ferrari (1812—76). Italienischer Geschichtsphilosoph.

nichts von seinem Zauber nahm. Diese Verve im Äußern des Unglaubens, und dieses sich Verwahren gegen Düpierung würzten wie byronischer Sarkasmus seine so poetische und so farbige Unterhaltung. Auch schöpfte er aus sich selbst und zwar in viel höherem Grade als aus seinem langen Umgang mit der Welt — aus sich selbst, das will sagen aus seinem Genie und aus dem Bewußtsein seines Genies — eine Sicherheit, eine Leichtigkeit unvergleichlicher Umgangsformen, verbunden mit einer Höflichkeit, die wie ein Prisma alle Nüancen zuließ von der herzlichsten Bonhomie bis zur untadelhaftesten Unverschämtheit. Er besaß gut zwanzig verschiedene Arten »mein lieber Herr« auszusprechen, die für ein geübtes Ohr eine merkwürdige Gefühlsskala darstellten. Denn ich muß es endlich sagen, zumal ich einen neuen Grund zum Lob dabei finde: E. Delacroix hatte, obwohl er ein genialer Mensch war oder gerade weil er ein vollkommen genialer Mensch war, viel von einem Dandy. Er selbst gestand, daß er sich in seiner Jugend mit Vergnügen den materiellsten Nichtigkeiten des Dandytums hingegeben habe und erzählte lachend, doch nicht ohne eine gewisse Eitelkeit, daß er unter Mitwirkung seines Freundes Bonnington kräftig daran gearbeitet habe, unter den eleganten jungen Leuten den Geschmack für den englischen Schnitt in Schuhwerk und Kleidung einzuführen. Ich denke, daß Ihnen dies Detail nicht wertlos vorkommen wird; denn wenn man die Natur gewisser Menschen zu schildern hat gibt es keine Erinnerung die entbehrlich wäre.

Ich sagte Ihnen, daß vor allem die natürliche Seite im Wesen Delacroix' dem aufmerksamen Beobachter auffiel, und das trotz dem abschwächenden Schleier einer raffinierten Kultur. Alles an ihm war Energie, aber eine Energie, die von den Nerven und vom Willen herrührte, denn physisch war er schwächlich und zart. Der Tiger, der auf seine Beute lauert, hat keine so funkelnden Augen und kein so ungeduldiges Zittern in den Muskeln wie unser großer Maler, wenn sich sein ganzes Wesen in eine Idee verbohrt hatte oder einen Traum realisieren wollte. Selbst die physische Art seiner Physiognomie, sein peruanischer oder malaiischer Teint, seine großen, schwarzen, aber durch das fortwährende aufmerksame Blinzeln kleiner scheinenden Augen, die das Licht vorsichtig zu kosten schienen, seine üppigen und gepflegten Haare, seine eigensinnige Stirn, seine zusammengepreßten Lippen, denen die ständige Willensanspannung einen grausamen Ausdruck verlieh, kurz seine ganze Person legte einem den Gedanken exotischer Abstammung nahe. Es ist mir mehr als einmal passiert, daß ich bei seinem Anblick an die alten Herrscher Mexikos dachte, an jenen Montezuma, dessen opfergewandte Hand an einem einzigen Tage dreitausend menschliche Geschöpfe auf dem gewaltigen Altar des Sonnengottes hinzuschlachten vermochte, oder auch an einen jener Hindufürsten, die im Glanz der herrlichsten Feste in der Tiefe ihrer Augen unbefriedigte Gier und unerklärliche Sehnsucht bergen, so etwas wie die Erinnerung und die schmerzliche Sehnsucht nach unbekannten Dingen. Beachten Sie bitte auch, daß die typische Farbe der Bilder Delacroix' mit der den orientalischen Landschaften und Innenräumen eigenen Farbe verwandt ist, und daß sie einen Eindruck hervorruft, der dem sehr ähnlich ist, den man in jenen tropischen Ländern erhält, wo eine ungeheure Lichtausstrahlung für ein sensibles Auge trotz der Intensität der Lokaltöne einen gleichsam dämmrigen Gesamteindruck hervorruft. Die geistig-sittliche Art seiner Werke, wenn man überhaupt in der Malerei von Moral reden darf, trägt gleichfalls deutlich einen molochistischen Charakter. In seinem Oeuvre gibt es nichts als Verwüstung, Gemetzel, Feuersbrünste; alles erhebt Anklage gegen das ewige und unverbesserliche Barbarentum der Menschen. Die in Brand gesteckten und rauchenden Städte, die erwürgten Opfer, die vergewaltigten Frauen, die unter die Hufe der Pferde geworfenen oder dem Dolch rasender Mütter ausgelieferten Kinder; dies ganze Oeuvre gleicht einem schrecklichen, zu Ehren des Schicksals und des unheilbaren Leidens verfaßten Hymnus. Er hat hin und wieder, denn es fehlte ihm gewiß nicht an Zärtlichkeit, seinen Pinsel der Wiedergabe zarter und wollüstiger Gefühle geweiht, aber selbst da machte sich der unheilbare Gram in starkem Maße geltend und Sorglosigkeit und Fröhlichkeit (die gewöhnlichen Begleiter naiver Wollust) fehlten. Ich glaube, er hat nur ein einziges Mal einen Versuch auf dem Gebiet des Drolligen und des Komischen gemacht, und, als ob er erraten hätte, daß das außerhalb und unter seiner Natur sei, ist er nie mehr darauf zurückgekommen.

VI.

Ich kenne mehrere Personen, welche das Recht haben zu sagen: »Odi profanum vulgus«; aber wer von ihnen kann siegreich hinzufügen: »et arceo?« Allzu häufiges Händedrücken verdirbt den Charakter. Wenn je ein Mensch einen durch Balken und Schlösser gut verteidigten »Elfenbeinturm« besaß, so war es Eugène Delacroix. Hat je jemand seinen »Elfenbeinturm«, d. h. die Heimlichkeit mehr geliebt als er? Ich glaube, er würde ihn am liebsten mit Kanonen ausgerüstet und in einen Wald oder auf einen unzugänglichen Felsen transportiert haben. Hat je jemand das »Home«, Heiligtum zugleich und Hütte, mehr geliebt als er? Wie andere die Heimlichkeit zum Zwecke der Ausschweifung suchen, so suchte er sie zum Zwecke der Inspiration und gab sich dann wahren Arbeitsschwelgereien hin. »The one prudence in life is concentration; the one evil is dissipation« sagt der amerikanische Philosoph, den wir schon zitiert haben.

Herr Delacroix hätte diese Maxime niederschreiben können, auf alle Fälle aber hat er ihr streng nachgelebt. Er war zu sehr »Weltmann«, um die Welt nicht zu verachten, und die Anstrengungen, die er dort machte, um nicht allzu augenscheinlich »er selbst« zu sein drängten ihn auf natürliche Weise dazu, unsere Gesellschaft vorzuziehen. Der Ausdruck »unsere« möchte nicht bloß den bescheidenen Verfasser dieser Zeilen in sich schließen, sondern auch einige andere, jüngere und ältere, Journalisten, Dichter und Musiker, bei denen er sich zwanglos erholen und gehen lassen konnte.

In seiner köstlichen Studie über Chopin zählt Liszt Delacroix zu den eifrigsten Besuchern des Musiker-Poeten und sagt, daß er bei den Klängen jener leichten und leidenschaftlichen Musik, die einem glänzenden, über einem grauenvollen Abgrund schwebenden Vogel gleicht, gern in tiefe Träumerei versank.

So konnten wir, obwohl wir damals noch sehr jung waren, dank unserer aufrichtigen Bewunderung, in sein so gut gehütetes Atelier Einlaß erhalten, in dem, unserem strengen Klima zum Trotz, eine äquatoriale Temperatur herrschte, und in dem das Auge gleich von Anfang an durch eine prunklose Feierlichkeit und durch die eigenartige Strenge der alten Schule frappiert wurde. So hatten wir in unserer Kindheit die Ateliers der einstigen Rivalen Davids, rührender, längst dahingegangener Helden gesehen. Man fühlte sehr wohl, daß dieser zurückgezogene Ort nicht von einem frivolen, von tausend willkürlichen Launen gekitzelten Geist bewohnt sein konnte.

Da gab es keine verrosteten Rüstungen, keine malaiischen Krise, kein altes gotisches Eisenzeug, kein Geschmeide, keinen Trödelkram, kein altes Gerümpel, nichts von all dem was zeigt, daß der Eigentümer an spielerischem Zeitvertreib Vergnügen findet und das ziellose Umherschweifen kindlicher Träumerei kennt. Ein wunderschönes Porträt von der Hand des Jordaens, das er irgendwo aufgestöbert hatte, einige Studien und einige Kopien, die der Meister selbst gemacht, genügten für die Dekoration dieses weiträumigen Ateliers, dessen Abgeschlossenheit ein mildes und sanftes Licht erleuchtete.

Jene Kopien wird man wahrscheinlich an der Versteigerung der Zeichnungen und Bilder Delacroix' sehen, die wie man mir gesagt hat auf den nächsten Januar angesetzt ist. Er besaß zwei unter sich sehr verschiedene Arten zu kopieren. Die eine war frei und breit, zur Hälfte getreu, zur Hälfte selbstherrlich, wobei er viel von sich selbst hineinlegte. Aus dieser Methode ergab sich eine bastardartige aber charmante Mischung, die den Geist in eine angenehme Ungewißheit versetzte. In dieser widerspruchsvollen Gestalt zeigte sich mir eine große Kopie der »Wunder des heiligen Benedikt« von Rubens. Bei der andern Art machte sich Delacroix zum gehorsamsten und demütigsten Sklaven seines Vorbilds und erreichte dabei eine Genauigkeit in der Nachbildung, wie sie sich diejenigen, die dieses Wunder nicht gesehen haben, nicht vorstellen können. So z. B. sind die Kopien nach zwei Köpfen Raffaels, die sich im Louvre befinden, gearbeitet; in ihnen sind Ausdruck, Stil und Manier mit so vollkommener Natürlichkeit nachgebildet, daß man abwechselnd und gegenseitig die Originale für die Kopien halten könnte.

Nach einem Frühstück das leichter war als das eines Arabers, und nachdem er seine Palette mit der Sorgfalt einer Blumenverkäuferin oder eines Stoffauslegers bis ins Kleinste zubereitet hatte, suchte Delacroix den unterbrochenen Ideengang wieder aufzunehmen; doch bevor er sich in seine stürmische Arbeit versenkte, empfand er oft jene Abspannung, jene Angst, jene Nervenschwäche, die an die vor dem Gott fliehende Pythia gemahnen oder an Jean-Jacques Rousseau, der, bevor er Papier und Feder in Angriff nahm, eine Stunde lang Possen trieb, in alten Papieren kramte und seine Bücher hin- und herschob. Sobald aber einmal die künstlerische Faszinierung eingetreten war hörte er erst auf, wenn ihn die physische Ermüdung dazu zwang.

Als wir eines Tages über jene für Künstler und Schriftsteller stets so interessante Frage plauderten, nämlich über die Hygiene der Arbeit und der Lebensführung, äußerte er zu mir:

»Einst, in meiner Jugend, konnte ich nur dann an die Arbeit gehen, wenn ich sicher war, daß für den Abend ein Vergnügen — Musik, Ball oder irgend eine andere Lustbarkeit — in Aussicht stand. Heute jedoch habe ich nichts mehr mit einem Schüler gemein; ich kann ohne Unterbruch und ohne jede Aussicht auf eine Belohnung arbeiten. Und dann — fügte er bei — wenn Sie wüßten, wie nachsichtig und wenig wählerisch in Bezug auf Vergnügungen eine anhaltende Arbeit macht! Ein Mensch, der seinen Tag gut ausgefüllt hat, ist so gestimmt, daß ihm der Geist des Dienstmanns an der Straßenecke genügt, und daß er mit ihm Karten zu spielen imstande ist.«

Dieser Ausspruch erinnerte mich an Machiavelli, der mit seinen Bauern würfelte. Nun aber sah ich Delacroix eines Sonntags im Louvre in Begleitung seiner alten Dienerin — derjenigen, die ihn während dreißig Jahren mit solcher Ergebenheit gepflegt und bedient hat — und er, der Elegante, Raffinierte, Gebildete, hielt es nicht für unter seiner Würde, dieser ausgezeichneten Frau, die ihm übrigens mit naiver Aufmerksamkeit zuhörte, die Geheimnisse der assyrischen Skulptur zu zeigen und zu erklären. Die Erinnerung an Machiavelli und an unsere frühere Unterhaltung stellte sich sofort wieder bei mir ein.

Tatsache ist, daß in den letzten Jahren seines Lebens Alles was Vergnügen heißt aus seinem Dasein verschwunden war; ein einziges, ein strenges, anspruchsvolles, gewaltiges Vergnügen hatte sie alle ersetzt, die Arbeit, die jetzt nicht mehr bloß eine Leidenschaft war; man hätte sie vielmehr füglich eine Raserei nennen können.

Wenn Delacroix die Stunden des Tages mit Malen, im Atelier oder auf den Gerüsten, auf die ihn seine großen dekorativen Arbeiten riefen, zugebracht hatte, fand er in seiner Liebe zur Kunst neue Kräfte, sodaß ihm der Tag schlecht ausgefüllt vorgekommen wäre, wenn er die Stunden des Abends nicht dazu verwendet hätte, um am Kamin beim Schein der Lampe zu zeichnen, das Papier mit Träumen, Entwürfen, Figuren, die ihm der Zufall flüchtig vor Augen geführt, zu bedecken, oder um hin und wieder Zeichnungen von andern Künstlern, deren Temperament von dem seinen vollkommen verschieden war, zu kopieren; denn er hatte eine Leidenschaft für Notizen und Entwürfe und gab sich ihr hin, wo immer er war. Während ziemlich langer Zeit war es seine Gewohnheit, bei den Freunden, in deren Gesellschaft er seine Abende zubrachte, zu zeichnen. So kommt es, daß Herr Villot eine beträchtliche Zahl vorzüglicher Zeichnungen von seiner fruchtbaren Feder besitzt.

Er äußerte einmal zu einem jungen Menschen aus meinem Bekanntenkreis: »Wenn Sie nicht gewandt genug sind, um eine Skizze nach einem Manne, der sich aus dem Fenster stürzt, während der Zeit zu machen, die er braucht, um vom vierten Stock auf den Erdboden zu fallen, so werden Sie nie umfangreiche Werke schaffen können.« In dieser ungeheuerlichen Übertreibung finde ich die Hauptsorge seines ganzen Lebens wieder, die bekanntlich darin bestand, in der Ausführung so rasch und so sicher zu sein, daß sich von der Intensität der Handlung oder der Idee nichts verflüchtigen konnte.

Delacroix war, wie auch viele andere haben beobachten können, ein Mensch, der die Unterhaltung liebte. Das Drollige aber ist, daß er vor der Unterhaltung Angst hatte wie vor einer

Ausschweifung oder einer Zerstreuung, bei der er Gefahr lief, seine Kräfte einzubüßen. Wenn man bei ihm eintrat, war das erste was er sagte:

»Nicht wahr, wir werden diesen Morgen nicht plaudern? Oder nur sehr, sehr wenig.«

Und dann schwatzte er drei volle Stunden. Seine Causerie war glänzend, subtil, dabei reich an Tatsachen, an Erinnerungen und Anekdoten; mit einem Wort: was er sagte war gehaltvoll.

Wenn er durch Widerspruch gereizt wurde sammelte er sich augenblicklich, und anstatt sich direkt auf den Gegner zu werfen, wobei die Gefahr besteht, daß die Brutalitäten öffentlicher Redekunst in das Geplänkel des Salons eindringen, spielte er eine zeitlang mit seinem Gegner, um dann mit unerwarteten Argumenten oder Tatsachen wieder zum Angriff überzugehen. Es war das ganz die Unterhaltung eines Menschen, der den Kampf liebt, aber der Courtoisie vollkommen untertan ist: schlau, absichtlich nachgebend, reich an Ausflüchten und plötzlichen Angriffen.

In der Intimität des Ateliers ließ er sich leicht so weit gehen, daß er seine Meinung über die Maler seiner Zeit preisgab. Bei solchen Gelegenheiten konnten wir oft jene Toleranz des Genies bewundern, die vielleicht von einer besondern Art von Naivität oder Leichtigkeit im Genießen herrührt.

Er hatte eine auffallende Schwäche für Decamps, der heute nur noch wenig geschätzt wird, der aber zweifellos durch die Macht der Erinnerung in ihm weiterlebte. Desgleichen für Charlet. Er hat mich einmal eigens zu sich kommen lassen, um mich wegen eines respektlosen Artikels über dieses verwöhnte Kind des Chauvinismus, den ich verbrochen, heftig »auszuzanken«. Vergeblich suchte ich ihm klar zu machen, daß ich nicht den Charlet der frühen Zeit getadelt hatte sondern den Charlet der Dekadenz, nicht den vornehmen Historiker der Haudegen sondern den Schöngeist der Bierbank. Ich habe seine Verzeihung nie erlangen können.

An Ingres bewunderte er gewisse Seiten; sicherlich bedurfte es für ihn einer großen kritischen Anstrengung, um das von Verstandes wegen zu bewundern, was er von Temperaments wegen ablehnen mußte. Er hat sogar Photographien sorgfältig kopiert, die nach einigen jener minutiösen, mit dem Graphitstift gezeichneten Bildnissen hergestellt waren, in denen sich das strenge und eindrückliche Talent des Herrn Ingres, das um so gewandter ist je mehr es sich beschränkt, am besten würdigen läßt.

Die abscheuliche Farbe von Horace Vernet hinderte ihn nicht, die persönliche Ausdruckskraft, welche die meisten seiner Bilder beseelt, zu erkennen, und er fand erstaunliche Ausdrücke zum Lobe seiner sprühenden Art und seines unermüdlichen Eifers. Seine Bewunderung für Meissonier ging etwas zu weit. Er hatte sich fast mit Gewalt die Zeichnungen angeeignet, die zur Vorbereitung der Komposition der »Barrikade«, des besten Gemäldes von Herrn Meissonier, dessen Talent sich übrigens mit dem einfachen Bleistift sehr viel energischer ausdrückt als mit dem Pinsel, gedient hatten. Von ihm sagte er oft, wie in einer Art Sorge um die Zukunft: »Schließlich ist von uns allen doch er derjenige, der am meisten Aussicht auf die Unsterblichkeit hat!« Ist die Tatsache, daß der Schöpfer von so großen Werken auf einen Künstler, der sich nur in kleinen auszeichnet, beinahe neidisch war, nicht merkwürdig?

Der einzige Mensch, dessen Name die Macht besaß, seinem aristokratischen Munde einige derbe Worte zu entlocken, war Paul Delaroche. In dessen Werken fand er ohne Zweifel nichts Entschuldbares, und die Erinnerung an die Qualen, die ihm seine schmutzige und böse, »mit Tinte und Wichse« (wie sich einst Théophile Gautier ausgedrückt hat) hergestellte Malerei verursacht hatte, blieb unauslöschlich.

Derjenige aber, den er am liebsten zum Anlaß wählte, um sich in endloses Plaudern zu verlieren, war der Mensch, der ihm an Talent wie an Ideen am wenigsten ähnlich, ja der sein eigentlicher Antipode war, ein Mann, dem man noch nicht die gebührende Gerechtigkeit hat widerfahren lassen, und dessen Gehirn, wenn es auch etwas belegt ist wie der kohlenbestaubte Himmel seiner Vaterstadt, doch eine Menge wundervoller Dinge enthält. Ich spreche von Herrn Paul Chenavard[1]).

[1]) Paul Joseph Chenavard (1808—95) war hauptsächlich Historienmaler. Er ist Delacroix' Schüler gewesen.

Die abstrusen Theorien des Lyoner Maler-Philosophen zwangen Delacroix ein Lächeln ab: der abstrakte Pädagog betrachtete die Wonnen reiner Malerei als etwas Frivoles, wenn nicht gar Verbrecherisches. Jedoch so fern sie einander standen und gerade wegen dieses Sichfernstehens, näherte sich doch gern einer dem andern, und wie zwei durch Enterhaken verbundene Schiffe konnten sie nicht mehr von einander lassen. Da übrigens alle beide große Kenntnisse und einen ausgesprochenen Sinn für Geselligkeit besaßen, so fanden sie sich auf dem allgemeinen Gebiet der Bildung. Bekanntlich ist die Bildung gewöhnlich nicht eine Tugend, in der die Künstler glänzen.

Chenavard war also für Delacroix ein seltenes Labsal. Es war wirklich ein Vergnügen, die Beiden in einem unschuldigen Streit sich ereifern zu sehen, wobei die Rede des einen schwerfällig wie ein Elefant in voller Kriegsausrüstung einherschritt, während die des andern so scharf und biegsam vibrierte wie ein Florett. In den letzten Stunden seines Lebens äußerte unser großer Maler den Wunsch, seinem freundschaftlichen Gegner die Hand zu drücken. Doch der war damals fern von Paris.

VII.

Empfindsame und preziöse Frauen werden sich vielleicht beleidigt fühlen, wenn sie vernehmen, daß Delacroix ähnlich wie Michelangelo (denken Sie an den Schluß eines seiner Sonnette: »Skulptur! Göttliche Skulptur, du bist meine einzige Geliebte!«) die Malerei zu seiner einzigen Muse, seiner einzigen Herrin, seiner einzigen, ihm voll genügenden Wollust gemacht hat.

Ohne Zweifel hat er in der bewegten Zeit seiner Jugend das Weib sehr geliebt. Aber wer hat diesem furchtbaren Idol nicht allzu große Opfer gebracht? Und wer weiß nicht, daß die sich am meisten beklagen, welche ihm am besten dienten? Doch schon lange vor seinem Ende hatte er das Weib von seinem Leben ausgeschlossen. Als Muselmann würde er es zwar aus der Moschee vielleicht nicht vertrieben haben, doch hätte er sich gewundert, wenn es sie betreten hätte, da er nicht recht würde begriffen haben, welcher Art seine Unterhaltung mit Allah sein könnte.

In dieser Frage, wie in vielen andern, dominierte bei ihm entschieden und despotisch die orientalische Vorstellung. Er betrachtete das Weib als einen köstlichen und zur geistigen Anregung geeigneten Kunstgegenstand, aber als einen Kunstgegenstand, der, falls man ihn über die Schwelle des Herzens läßt, eigenmächtig und verwirrend wirkt und Zeit und Kräfte gefräßig verschlingt.

Ich erinnere mich, daß, als ich ihn einmal an einem öffentlichen Orte auf das Gesicht einer Frau von sehr eigenartiger Schönheit und melancholischem Ausdruck aufmerksam machte, er zwar die Schönheit wohl gelten ließ, als Antwort auf das Andere aber mit dem ihm eigenen feinen Lächeln äußerte: »Wie könnte wohl eine Frau melancholisch sein?« Womit er ohne Zweifel andeuten wollte, daß der Frau, um das Gefühl der Melancholie zu kennen, ein »gewisses wesentliches Erfordernis« fehlt.

Es ist das leider eine recht beleidigende Theorie, und ich möchte ehrenrührige Ansichten über ein Geschlecht, das so oft feurige Tugenden an den Tag gelegt hat, nicht herausstreichen. Man wird mir aber gern zugeben, daß es sich hier um Grundsätze kluger Vorsicht handelt, daß sich das Talent in einer Welt voll Schlingen nie genug mit kluger Vorsicht wappnen kann, und daß der geniale Mensch das Vorrecht gewisser Doktrinen besitzt (vorausgesetzt, daß sie die allgemeine Ordnung nicht stören), die uns bei einem rein bürgerlichen Menschen oder einem einfachen Familienvater mit Recht skandalisieren würden.

Ich muß, auf die Gefahr hin, für elegische Seelen einen Schatten auf sein Andenken zu werfen, beifügen, daß er auch für Kinder keine zärtliche Schwäche zeigte. Kinder waren für ihn lediglich Geschöpfe mit konfitürebeschmierten Händen (wodurch Leinwand und Papier beschmutzt werden) oder Geschöpfe, welche die Trommel schlagen (was das Nachdenken stört) oder mit dem Feuer spielen und wie Affen tierhaft gefährlich sind.

»Ich erinnere mich sehr gut, äußerte er manchmal, daß ich als Kind »ein Ungeheuer« war. Das Pflichtgefühl erwirbt man nur sehr langsam, und nur durch Leiden, Züchtigung und fortschreitende Verstandesbildung vermindert der Mensch nach und nach die ihm angeborene Bosheit.«

So kehrte er, rein mit Hilfe des gesunden Menschenverstandes, zur katholischen Auffassung zurück; denn man darf sagen, daß, allgemein gesprochen, das Kind im Vergleich zum Mann der Erbsünde sehr viel näher steht.

VIII.

Man hatte den Eindruck, daß Delacroix seine ganze männliche und intensive Sensibilität dem strengen Gefühl der Freundschaft aufbewahrte. Es gibt Leute, die sich schnell für den Erstbesten begeistern; andere sparen die Ausübung dieser göttlichen Fähigkeit für hohe Gelegenheiten auf. Wenn es auch der berühmte Mann, von dem ich Sie mit so großem Vergnügen unterhalte, nicht liebte, wenn man ihn wegen unwesentlicher Dinge bemühte, so konnte er doch gefällig, unternehmend, ja sehr eifrig werden, sobald es sich um bedeutende Dinge handelte. Diejenigen, welche ihm nahe gestanden, hatten des öftern Gelegenheit, seine Zuverlässigkeit, Sorgfalt und Gründlichkeit in seinen freundschaftlichen Beziehungen — er war darin ganz Engländer — zu schätzen. Wenn er in Bezug auf Andere anspruchsvoll war, so war er doch auch nicht weniger streng gegen sich selbst.

Betrübten und unwilligen Herzens möchte ich noch einige Worte über gewisse Anschuldigungen sagen, die gegen Eugène Delacroix erhoben worden sind. Ich habe mitangehört, wie ihn gewisse Leute des Egoismus, ja sogar des Geizes ziehen. Beachten Sie, geehrter Herr, daß dieser Vorwurf von der unzählbaren Klasse banaler Seelen stets gegen die erhoben wird, die es sich angelegen sein lassen, ihre Freigebigkeit ebenso gut und vorsichtig zu betätigen wie ihre Freundschaft.

Delacroix war sehr sparsam. Es war das für ihn das einzige Mittel, um bei gegebener Gelegenheit sehr freigebig zu sein. Ich könnte das durch einige Beispiele belegen, aber ich fürchte, es fehlte mir dazu seine Ermächtigung und auch die derer, die allen Grund hatten, mit ihm sehr zufrieden zu sein.

Beachten Sie auch, daß sich seine Gemälde während einer langen Reihe von Jahren sehr schlecht verkauften, und daß seine großdekorativen Arbeiten fast das ganze Honorar verschlangen, wenn er nicht gar noch aus seiner eigenen Tasche zulegte. Er hat viele Male bewiesen, wie gering er vom Geld dachte, dann nämlich, wenn arme Künstler den Wunsch, eines seiner Werke zu besitzen, durchblicken ließen. In der Art freigebiger und großmütiger Ärzte, die sich ihre Bemühungen bald bezahlen lassen, bald sie umsonst leisten, verschenkte er in solchen Fällen seine Bilder oder trat sie zu jedem beliebigen Preis ab.

Und endlich, geehrter Herr; halten wir fest, daß der überragende Mensch mehr als jeder andere gezwungen ist, auf seine persönliche Verteidigung bedacht zu sein. Man kann ruhig sagen, daß die ganze Gesellschaft im Kriege gegen ihn steht. Wir haben das mehr als einmal feststellen können. Seine Höflichkeit heißt Kälte, seine Ironie so gelinde sie auch sein mag, Bosheit, seine Sparsamkeit Geiz. Wenn der Unglückliche aber im Gegenteil Mangel an Vorbedacht zeigt, sagt die Gesellschaft, die weit davon entfernt ist, ihn zu beklagen: »Es geschieht ihm recht; seine Not ist die Strafe für seine Verschwendungssucht.«

Ich kann bestimmt versichern, daß Delacroix in bezug auf Geld und Sparsamkeit vollkommen die Meinung Stendhals teilte, eine Meinung, die Größe mit Klugheit vereint:

»Ein Mann von Geist, äußerte der letztere, muß sich bemühen, so viel zu erwerben als er unbedingt braucht, um von niemanden abhängig zu sein (zur Zeit Stendhals war das ein Einkommen von sechstausend Franken); wenn er aber nach Erlangung dieser Gewißheit seine Zeit noch damit verliert, sein Vermögen zu vermehren, so ist er ein erbärmlicher Kerl.«

Trachten nach dem was notwendig ist und Verachten alles dessen was überflüssig, das ist die Richtschnur für einen klugen Menschen und einen Stoiker.

Eine der großen Sorgen unseres Malers in seinen letzten Jahren betraf das Urteil der Nachwelt und die zweifelhafte Solidität seiner Werke. Bald entflammte sich seine so überaus sensible Phantasie an der Vorstellung unsterblichen Ruhms, bald äußerte er sich bitter über die Hinfälligkeit von Leinwand und Farbe. Ein anderes Mal wieder führte er mit Neid die alten Meister an, die fast alle das Glück gehabt haben, von geschickten Stechern, deren Nadel oder Stichel sich der Art ihres Talentes anzupassen wußte, wiedergegeben zu werden. Er bedauerte dann sehr lebhaft, den Mann, der ihn hätte wiedergeben können, nicht gefunden zu haben. Die Gebrechlichkeit des gemalten verglichen mit der Solidität des gedruckten Werkes war eines seiner gewöhnlichen Gesprächsthemen.

Als dieser so zarte und doch so zähe, dieser so nervöse und doch so starke Mensch, dieser Mann, der in der Geschichte der europäischen Kunst einzig dasteht, dieser kränkliche und ewig fröstelnde Künstler, der unablässig davon träumte, ganze Wände mit seinen grandiosen Schöpfungen zu bedecken, durch eine Lungenentzündung — wie es scheint hatte er eine peinigende Vorahnung von ihr — hinweggerafft wurde, da haben wir alle etwas gefühlt, was jener seelischen Depression, jenem wachsenden Gefühl des Verlassenseins verwandt war, das wir schon beim Tode von Chateaubriand und bei dem von Balzac kennen gelernt hatten, und das erst kürzlich durch das Hinscheiden Alfred de Vignys erneuert worden ist. Eine große nationale Trauer hat eine allgemeine Erschlaffung der Vitalität, eine Verdunklung des Intellekts zur Folge, die einer Sonnenfinsternis, diesem nur kurze Augenblicke dauernden Abbild des Weltendes, ähnlich ist.

Ich glaube indessen, daß dieser Eindruck hauptsächlich jene stolzen Einsamen bewegt, die sich nur durch den intellektuellen Verkehr eine Familie bilden können. Was die andern Mitbürger anlangt, so werden sie sich größtenteils erst nach und nach all' dessen bewußt, was das Vaterland mit dem Verlust eines großen Mannes verloren, und welche Leere er durch sein Abscheiden zurückgelassen hat. Überdies muß man es ihnen noch sagen.

Ich danke Ihnen von ganzem Herzen, geehrter Herr, daß Sie mir in so freundlicher Weise Gelegenheit boten, mich über all' das frei auszusprechen, was mir die Erinnerung an eines der seltenen Genies unseres unglücklichen Jahrhunderts eingab, eines Jahrhunderts, das arm und reich zugleich ist, das bald zu anspruchsvoll, bald zu nachsichtig und allzu oft ungerecht ist.

Erratum. Seite 27: »Der Mann mit der Schleife«, »L'homme à la coque.« Wie der Vergleich mit dem Kapitel »Fragments sur le beau, l'idéal et le réalisme« (im Hauptteil des Werkes von Piron), in welchem die umfangreichere der beiden aesthetischen Erörterungen großenteils, mit Abweichungen, wiederholt ist, ergibt, ist die richtigere Lesart »L'homme à la toque«, »Der Mann mit dem Barett.« Gemeint ist jedenfalls das Porträt eines jungen Mannes im Louvre.